知性改善論

バールーフ・デ・スピノザ
秋保　亘　訳

講談社学術文庫

目次

凡例

・本書はスピノザ初期の著作 *Tractatus de intellectus emendatione* の全訳である。
・本書の底本は、スピノザの死後すぐに出版されたラテン語版『遺稿集（*Opera posthuma*）』である。同時期に出版されたオランダ語訳『遺稿集（*De Nagelate Schriften*）』や、多くの研究者が参照しているゲプハルトによる校訂版など、他の版に従う場合には、そのつど注記した。
・本邦を含め『知性改善論』を引用するさいの標準となっているブルーダー版の段落番号は[B1]、[B2]のかたちで、フランス語圏の文献でしばしば用いられるアピューン版の段落番号は[A1]、[A2]のかたちで示した。
・訳文中の〔　〕は訳者による挿入である。また、読みやすさに配慮して、原文にはない「　」を付した箇所がある。
・訳出のさいに適宜参照した各国語訳は、巻末の「文献一覧」にまとめた。これらは訳者が実際に参照したもののみであり、現存する各国語訳を網羅しているわけではない。

原注について

・底本としたラテン語版『遺稿集』の原注はアルファベットで示されている。本書でもそのほとんどを再現し、(a)、(b)のかたちで、基本的には該当する原注が付された段落の直後に置いた。ただし、原注の位置については、ラテン語と日本語の構文上の違いのために若干ずれる箇所も多い。

・ラテン語版『遺稿集』の原注には三つの系列があり、第一のものは（ラテン語ではiと区別されないj、uと区別されないv、字母のないwの三つを除く）二三個、第二の系列はa、b、zの三個、第三の系列はa、b（本書ではオランダ語訳『遺稿集』に倣って本文に繰り入れた）、d、e、f、gの六個である。ラテン語版『遺稿集』の「序文」には、これらの注は「著者自身が付加した」ものである旨が記されている（本書「訳者解説」冒頭部を参照）。

訳注について

・訳注は、＊1、＊2のかたちで付し、巻末に置いた。
・訳注において略号で示した文献については、巻末の「文献一覧」を参照されたい。
・訳注では、ラテン語版『遺稿集』を「OP」と、オランダ語訳『遺稿集』を「NS」と略記した。
・一般の読者は、哲学固有の言いまわしなど、理解が容易ではないと思われる箇所に付されたもの以外の訳注は読みとばしてもらってかまわない。

知性改善論

読者に告ぐ[*1]

親愛なる読者よ。私たちがここに未完結で欠損したままあなたに差し出すこの知性の改善云々についての論考は、すでに何年もまえに同じ著者[*2]によってしたためられていたものです。彼はつねにこの論考をととのえ、また仕上げるこころづもりでいました。しかし、彼は他の諸々の案件にさまたげられ、しまいには死によって攫《さら》われてしまったために、この仕事を意にかなうかたちで終結させることができませんでした。けれども、この論考は、多くのすぐれた有益なことがらを含んでおり、真剣に〔真理を〕[*3]探究する者にとって――私たちはこう確信しているのですが――少なからず役立つでしょうから、私たちはあなたをこの論考から引き離しておきたくはなかったのです。そして、多くの不明瞭なことがら、依然として肌理《きめ》の粗く、彫琢されていない事項もまたあちこちに散見されるでしょうが、それらをご容赦くださるよう、以上の事情を知っていただくために、私たちはここであなたに注意をしておこうと望んだのです。それでは。

知性の改善について、ならびに知性が最上の仕方で諸々のものについての真の認識へと導かれる途についての論考[*1]

〔導　入〕

［B1＝A1］経験[*2]が私に、世間において不断に出くわすすべてのものは空疎でたわいないものであることを教えてからというもの、私が〔それを失うのではないかと〕怖れ、また〔それに陥ってしまうのではないかと〕危惧するすべてのものが[*3]、それ自身のうちには何らの善悪も有しておらず、ただそれらによって心[*4]が動かされるかぎりでのみ善し悪しを云々されることを見定めるに至り、私はついに決断した——真の善であり、かつ人々と共有しうる或るもの、他のすべてをなげうってでも、それのみによって心が触発される或るものが存するかどうか、より正確には、それを見出し、また獲得することによって、私が絶えざる最高のよろこびを永遠に享受することになる或るものが存するかどうかを探究しよう、と。［B2］私

は「ついに決断した」と言う。というのも、目下のところ不確実なことがらのために確実なものを手放そうとすることは、一見したところ思慮に欠けるように思えたからである。もちろん、私は名誉や富から得られる恩恵のことを承知していたとともに、他方で別の新しいことがらに真摯に身をささげようとするなら、私はこれらの恩恵の追求から手を引かざるをえないということも分かっていた。そうなると、万一最高の幸福がこうした恩恵のうちに存するとしたら、〔その追求から手を引く場合〕私が最高の幸福を逸するほかないことはあまりにも明らかであるわけだが、しかし反対に、もしこれらの恩恵のうちに最高の幸福は存せず、それなのに私がこれらの恩恵のためだけに労をとろうとするなら、この場合であっても、なお私は最高の幸福を逸することになるわけである。〔B3〕そこで、私は自らの生の流儀と平常のしきたりを変えなくとも、ひょっとしたらこの新たなもくろみを達成することが、あるいは少なくともそれを達成する確実な見込みをもつに至ることができはしないかと、心のうちで矯《た》めつ眇《すが》めつ検討してみた。私は幾度もこの点を探ってみたけれども、それは無駄なことであった。*5

というのも、この生においてごく普通に見出されるもので、人々が——彼らの言動からこう察してよいとすれば——最高の善と評定しているものは、つまるところ次の三つのものに帰着するからである。すなわち、富、名誉ならびに快楽である。*6 これら三つのものによって、精神は他の何らかの善についてほとんど思考することができないほどまで、千々に乱される。〔B4〕思うに、快楽にかんして言えば、心はあたかも何らかの善に安らっているかのように快楽に搦めとられ、かくて他の善について思考することを大いにさまたげられるほどである。そのうえ快楽を享受したのちには法外な悲しみが訪れ、それは精神のはたらきを完全には停止させないとはいえ、しかしいずれにせよ精神を曇らせ、そのはたらきを鈍《にぶ》らせてしまう。[*7] 名誉と富を執拗に求めることによってもなお、それに劣らず精神は千々に乱れる。[a]富がそれだけのためにのみ求められる場合にはとりわけてそうであるが、それというのも、この場合、富は最高の善とみなされているからである。〔B5〕名誉はといえば、それによって精神はよりいっそう千々に乱される。というのも、名誉はつねにそれ自体によって善であり、かつ、いっさいがそこへと方向づけられる究極目的とみなされるからである。加えて、これら〔富と名誉〕においては、快楽の場合のように後悔がそれを引き継ぐということもない。反対に、これら二つのいずれもが、それがより多く手に入れられるにつれて、よりいっそうよろこびは増大し、その結果ますますそれを増やそうと駆り立てられるしまつである。けれども、もし何かの折に私たちの期待が裏切られようものなら、このうえない悲しみが生まれる。[*8] 最後に、名誉は私たちがそれを手にするためには、たとえば人々が等し並みに避けることを避け、求めることを求めるといったように、必ず人々の価値観に合わせて生を導かねばならないという点で、〔真の善を探究する〕大きな足かせとなる。

（a）富についていは、いくつかの場合を区別することで、より詳細かつ、より判然《はっきり》とした仕方で説明することもできただろう。つまり、富がそれ自体のために求められる場合、名誉のために求められる場合、快楽のために求められる場合、健康のために求められる場合、そして知識を増やし技術をみがくために求められる場合である。この説明は、しかし適当な場所まで保留される。ここは以上のことをかくも入念に吟味する場所ではないからである〔訳注――ここで保留された説明は、結局、本書だけでなくスピノザのどの著作のうちにも見られない〕。

［B6＝A2］こうして、以上の〔人々によって善とみなされている富、名誉、快楽〕すべてが新たなもくろみへの専心をこれほどまでにさまたげること、それどころか両者のうちのいずれか一方を必然的に断念しなければならないほど相対立するものであることを見定めたので、どちらが私にとってより有益であるのかを精査しなければならなくなった。すでに述べたように、まさに不確実な善のために確実な善を手放そうとしているのではないか――そう思われたわけである。けれども、こうしたことがらの検討にわずかなりとも取り組んだあとで、私はまず次のことを見出した。もしこれら〔富、名誉、快楽〕を手放し、新たなもくろみに向けて覚悟を決めるなら、右に述べてきたことから明晰に引き出すことができるように、私はその本性上不確実な善を、〔別の〕不確実な善――とはいえ、その本性において不確実なのではなく（確固たる善をこそ私は求めようとしてきたのだから）、たんにその追求

の果てに獲得しうるかどうかという点にかんしてのみ不確実な善のために手放すことになるのだ、と。〔B7〕さらに省察を続けることで、私は次に、事情がかくのごとくであるのなら、この覚悟を深めて決断を下すことができさえすれば、確実な悪を確実な善のために手放すことになるのだ、ということを見定めるに至った。実際、私は自らがこのうえない危難のうちに立たされていて、たとえどれほど〔それを得ることが〕不確かな治療薬であっても、死力を尽くしてそれを求めるほかない状況にあることを見てとっていたからである。治療薬が施されなければ確実に死ぬことを予見している、死に至る病によって窮地に立たされた病人が、どれほど〔それを得ることが〕不確かであっても、彼の希望のすべてがこの薬にかかっているために、死力を尽くしてそれを求めざるをえないのと同様に。しかるに、世の人々が手に入れようとするあのすべてのものは、私たちの存在の維持にとっていかなる治療薬ももたらさないばかりか、むしろその差し支えともなり、またしばしばそれらを所有する人々の身を滅ぼす原因となり[(b)]、さらにはつねにそれらによって所有される人々の身を滅ぼす原因ともなる[*10]。

（b）これらのことがらは、より入念に証明されるべきである。

〔B8 = A3〕実際、自らの富のゆえに非業の死を遂げるまで追いまわされた人々、さらには何とか財貨を得ようとしてあまりに多くの危難にその身をさらし、ついには命をもって自らの愚行をあがなうことになった人々の例はきわめて多い。また、名誉を手にしようとし、あるいはそれを保とうとせんがために、幾多の辛酸をなめた人々の例もこれに劣らない。最後に、快楽の羽目を外したがゆえに自らの死期を早めた人々の例も数え上げればきりがない。

［B9］さらに考えを進めてみるに、これらの害悪は、幸福あるいは不幸のすべてがもっぱら次の一点にのみ左右されることに起因すると思われた。*11 それはもちろん、私たちが愛によって結びつく対象の性質である。実際、愛されることのないもののせいで諍《いさか》いが起こることなど決してないだろうし、もしそれが失われたとしても悲しみが湧くはずもなく、それがもし他人に所有されるにしてもいかなるねたみも生じず、何らの危惧や憎しみも――ひとことで言えば何らの心の動揺も起こらないだろう。これらすべて〔の心の動揺〕は、いずれにせよ、私たちがここまで語ってきた〔富、名誉、快楽といった〕すべてのもののように、滅びうるものを愛する場合に生じるのである。*12［B10］それに対して、永遠・無限なものに対する愛は、もっぱらよろこびのみによって心を育《はぐく》み、しかもこのよろこびはあらゆる悲しみと無縁である。*13 これこそが、大いに望まれるべきもの、全力を挙げて求められるべきものなのである。とはいえ、私が「ひとえに決断を下すことができさえすれば」という表現を用いたのは、ゆえなきことではなかった。*14 以上のことがらを精神において十分明晰に知得していたとはいえ、しかしだからといって、蓄財への欲、快楽および名誉のすべてを除き去るわけには

いかなかったからである。[*15]

〔B11＝A4〕ここにひとつ、[*16]私が見てとっていたことがある。それは、以上のことがらに思考を向けているあいだにかぎって、精神はこれら〔富、名誉、快楽〕から自らを引き離し、ひとえに新たなもくろみについて思考していた、ということである。これは私にとって大きな安らぎとなった。というのも、これらの悪がいかなる治療薬をも拒む類いのものではないと分かったからである。そして、はじめのうちはそうした期間はめったになかったし、またきわめてかぎられた時間しか持続しなかったけれども、しかし真の善が私によりいっそう明らかになってくるにおよんで、その期間はより頻繁に訪れるようになり、そしてより長く続くようになった。とりわけ、金銭の獲得や快楽、また名誉が害悪をおよぼすのは、それらがそれ自体のために求められる場合にかぎってのことであって、他のことがらへの手段として求められる場合には害悪とはならない、ということが分かったのちにはそうであった。じつにそれらが手段として求められるときには、節度をもって用いられることになるだろうし、また害悪をおよぼすどころか、むしろ反対に、それらが求められる目的に大いに寄与するであろう。この点は適当な場所で示すことにする。[*17]

〔B12＝A5〕ここでごく手短にのみ、真の善ということによって私が知解する[*18]ものは何か、それと同時に最高の善とは何かを述べたい。これが正しく知解されるために注意しておく必要があるのは、善いとか悪いと言われるのは、ただ観方に応じてのことにすぎないということである。そのため、ひとつの同じものであっても、ことなる観点に応じて善いと言われることもあれば、悪いと言われることもあるほどであり、これは完全とか不完全と言われるのと同様である。[*19] というのも、いかなるものも、〔他のものと関係づけずに〕その本性において考察されるなら、完全とも不完全とも言われないだろうからである。とりわけ私たちが、生じるすべてのものが永遠の順序に従い、また自然の一定の諸法則に従って生じることを知るようになれば、なおのことそうであろう。［B13］ しかし、人間の非力さは、この順序を自らの思考によって捕捉するには至らないが、[*20] それでもとにかく人間は自らのものよりはるかに力強い或る人間本性[*21]を概念的にとらえるし、また同時に、自らがそのような本性を獲得することをさまたげるものは何もないということを見てとるがゆえに、自己自身をそのような完全性に導いてくれる手立ての探究へと促される。そして、まさにそのような完全性に至る手立てとなりうるすべてのものこそが、真の善と呼ばれるのである。他方で最高の善とは、当人が、できれば他の諸個人とともに、そのような本性を享受するに至ることである。このような本性がいかなるものであるかということにかんしては、私たちはしかるべきところで示すであろうが、[(c)] それはまさに精神が全自然と取りもつ合一についての認識にほかならない。［B14］ かくて私が目指す目的は、このような本性を獲得し、かつ多くの人々が私とともにこのような本性を獲得するよう努めることである。すなわち、他の多くの人々が私が知解するのと同じものを知解し、そうして彼らの知性と欲望とが、私の知性と欲望とすっかり一致するよう心をくばることがまた、私の幸福にぞくするのである。そして、そのために必要なのは、(d)〔第一に〕[*22]このような本性を獲得するのに十分なだけ、自然について知解することである。次に、できるだけ多くの人々が、できるだけ容易に、かつ安心してそこに至るために望ましい社会を形成することが必要である。[*23]〔B15〕加えて、〔第三に〕道徳哲学ならびに子どもたちの教育にかかわる理説に力をそそぐべきである。また、健康はこの目的に至る手立てとして取るに足らないものではないので、〔第四に〕医学の全面的な整備が求められる。さらに、技術によって多くの困難なことがらが容易になり、また私たちは生活のなかで多くの時間と便宜を技術のおかげで手にすることができるので、それゆえ〔第五に〕機械技術論も決して軽視されてはならない。〔B16〕とはいえ、何よりも先に考え出されるべきなのは、知性がものどもを首尾よく、誤たずに、そしてできるだけ最良の仕方で知解することになるように知性を治療し、また許されるかぎりはじめのうちにそれを浄化する様式である。[*24]以上を踏まえれば、いまや誰しも、私がすべての学をひとつの目的(e)ならびにねらいへと、すなわち右に述べた人間の最高の完全性に至ることへと差し向けようとしているのを見てとることができよう。かくてまた、諸学において私たちをこの目的に向けて前進させることのないあらゆるものは、無用のものとして退けられるべきであろう。つまり、ひとことで言うなら、私たちのすべての行い、[*25]また同時にすべての思考は、この目的にこそ差し向けられるべきなのである。〔B17〕けれども、私たちはこの目的の追求に専心し、また知性を正しくまっすぐな途へと連れ戻すことに力をそそぐあいだにも生きる必要があるのだから、そのため私たちは何よりもまずいくつかの生活規則を、よいものとしてあらかじめ立てることを強いられる。[*26] すなわち、

[A6] I　民衆の理解力に合わせて話すこと、また私たちのねらいを達成するさまたげにならないことなら、すべてこれを行うこと。というのも、できるかぎり民衆の理解力に寄り添いさえすれば、私たちは彼らから少なからぬ便益を得ることができるし、そうすることによってさらに、彼らが真理を聞こうとしてより好意的に耳を傾けてくれることになるだろうからである。

[A7] II　歓楽は、健康を保つのに足る程度に享受すること。

[A8] III　最後に、貨幣その他いかなる財であれ、生と健康を維持し、また私たちのねらいに差し支えない社会の習俗に倣うのに足る程度にそれを求めること。

（c） この認識はしかるべきところで立ち入って説明される〔訳注――ここにストア派の思想との親近性を見る注釈者は多い。たとえば、カーリーは、ここで「人間が自然の一部であり、その普遍的な諸法則に服しているという認識」が問題とされているなら、「この説はきわめてストア的である」と言い、マルクス・アウレリウス（一二一―一八〇年）の『自省録』七・九―一三、一〇・六の参照を促している（Spinoza 1985, p. 11, n. 9）。また、佐藤は「自然と一致して生きる

ことを目的として立てたストア派との近さを強く印象づける」と言う（スピノザ 二〇一八、二九八頁、注（50））。なお、「しかるべきところ」については、たとえば『短論文』第二部第二章、『エチカ』第四部定理二八、第五部定理二七などを参照〕。

(d) ここで私はただ私たちのねらいに必要な諸学を数え上げることにのみ取り組んでいるのであって、諸学の連結関係は考慮していないことに注意されたい。

(e) 諸学における目的はただひとつであり、すべてはそこに向けられるべきである。

〔方法の規定〕

[B18 = A9] [*1]以上のように諸規則を立てたうえで、私は何よりも先になされるべき第一のこと、すなわち知性を改善し、また知性を、私たちの目的に至るために必要とされる様式でものどもを知解するのに適したものとすることに取りかかろう。これを遂行するにあたって、私たちにとって自然な順序が要求するのは、私がこれまで或るものを疑うことなく肯定または否定するのに用いてきたすべての[*2]知得様式をここで取り上げ直し、もってすべてのうちで最上のものを選び出し、同時に私の有する諸々の力、ならびに私が完全なものにしようと欲している本性の認識に取りかかることである。

〔B19 = A10〕細心の注意を払うなら、すべて〔の知得様式〕は主として次の四つのものに帰着しうる。

〔A11〕Ⅰ　伝聞、あるいはいわゆる恣意的な記号にもとづいて私たちが手にする知得。[*3]

〔A12〕Ⅱ　行き当たりばったりの経験から、すなわち知性によって規定されることのない経験から私たちが手にする知得。〔この経験が〕このように言われるのは、たんにそれがたまたまそのように生じ、かつ私たちがそれと食い違う別の実体験をもたないという理由でのみ、私たちにとって動かしがたいものとしてとどまるだけだからである。[*4]

〔A13〕Ⅲ　ものの本質が別のものから結論されるが、しかし十全な仕方で結論されるわけではない場合の知得。こうしたことが起こるのは、私たちが何らかの結果から出発して原因を推論するときか、あるいはつねに何らかの特質をともなう何らかの普遍的なものから結論が引き出されるときである。(f)

〔A14〕Ⅳ　最後に、ものがその本質のみを介して、あるいはその最近原因を認識することを介して知得される場合のものである。[*5]

（f）この場合、私たちは結果のうちに見てとられるもの以外の何ものも原因について知解しない。この点は、こうした場合には原因がきわめて一般的なことばづかいでしか説明されないこと、つまり、たとえば「それゆえ或るものが〔原因として〕与えられる」、「それゆえ何らかの力能が〔原因として〕与えられる」等々のようなことばづかいでしか説明されないことから十分に見てとられる。あるいは「それゆえ〔原因は〕これやあれではない」などと、原因が否定的なことばづかいで表現されることからもまた十分に見てとられる。第二の場合には、私たちがのちに例示するように、結果を考慮することで明晰に概念される或るものが原因に帰されるけれども、しかしこれは固有性以外の何ものでもなく、ものの特殊的本質ではない〔訳注――一文目は“… nihil … praeter id, quod in effectu consideramus”（結果のうちに見てとられるもの以外の何ものでも）。ＯＰではpraeterではなくpropter（……のために、……のおかげで）となっているが、ＮＳのテクスト（behalven（……以外に、……のほかに））を採用するゲプハルトやミニーニの校訂に従う（Geb-II, 10, Spinoza 2009, p. 74）。「第二の場合には（In secundo casu）」というのは、本文の「Ⅲ」の「普遍的なものから結論が引き出される」場合を指すと読む。その直後に続く「例示」は、［B21］の後半部、視覚の一般的・普遍的本性およびその特質と太陽の視覚像から、その原因である太陽について何ごとかを推論する事例を指していると考えられる。この「第二の場合には」をどう理解するのか、および文末の「ものの特殊的本質（rei essentia particularis）」（文法上particularisという形容詞は「もの」と「本質」のどちらにもかかりうる）と訳した箇所にかんしては解釈上の議論があるが、訳者は佐藤の見解に全面的に同意する（スピノザ 二〇一八、三〇一頁、注（68））〕。

［B20＝A15］これらすべてを、それぞれ例でもって解き明かしてみよう。〔Ⅰ〕伝聞のみに

よって私が知るのは、自分の誕生日や、しかじかの両親をもったことなど、その類いのことであるが、こうしたことがらにかんして私は決して疑ってこなかった。[*6]〔Ⅱ〕行き当たりばったりの経験によって、私は自分がいつか死ぬだろうということを知る。〔それが行き当たりばったりの経験によるというのは〕私がこのことを肯定するのは、私に似た他の人々が亡くなったのを——みながみな同じ年齢まで生きたわけではないし、同じ病で亡くなったわけではないけれども——目にしたからである。加えて、行き当たりばったりの経験によって、私はまた油が炎を絶やさないのに適した燃料であること、そして水が炎を消し止めるのに適していることを知る。また、私は犬が吠える動物であること、人間が理性的な動物であることを知るなどして、このように生を送るさいの便益となるほとんどすべてのことを知ったのである。〔B21〕〔Ⅲ－1〕別のものから結論されるということにかんして言えば、それは次のようになされる。私たちが感得するのはこのような身体であって他の何ものでもないことを明晰に知得するからには、私たちはここから、あえて言うのであれば、魂が身体に合一しており[g]、この合一こそがそのような感得の原因であると明晰に結論づける。けれども、私たちはこの感得と合一がいったい何であるのかを、この議論だけから十分に知得することはできない。[*7]あるいは〔Ⅲ－2〕視覚の本性を知り、それと同時に、ひとつの同じものが、遠く離れて見られる場合には、それを近くでながめる場合より小さく見えるという特質を視覚がもっていることを知ったのち、私たちはそこから、太陽が現に見えているよりも〔実際は〕

大きいことや、その他これと同様のことがらを結論づける[(h)][*8]〔という、このような例を挙げることもできる〕。〔B22〕最後に、〔Ⅳ〕ものの本質のみによってものが知得されるのは、私が或ることを知るというそのことから、或ることを知るということがいったいどのようなことであるのかを知る場合や、魂の本質を知るというそのことから、魂が身体と合一していることを知る場合である。[*9] これと同じ〔様式の〕認識によって、私たちは二＋三が五であること、ならびに、二本の線が与えられ、それらが第三の線と平行であれば、これら二本の線もまたたがいに平行であること、等々を知った。けれども、私がこれまでこのような認識によって知解できたことがらは、きわめてわずかであった。

（g）　この例から、私が注記したばかりのこと〔原注（f）〕が明晰に見てとられる。というのも、この合一によって私たちは、当の感得そのもの、すなわち結果以外の何ものをも知解しておらず、私たちはこの感得という結果にもとづいてその原因〔合一〕を結論づけたのだが、当の原因については何も知解していないからである〔訳注――「結果」と訳した原語は effectus であり、可能性としては単数主格、単数属格、複数対格でとりうるが、NSの読みに従って単数対格の effectum に校訂する〕。

（h）　このような結論は、たとえ確実であるにしても、しかし慎重に慎重を重ねる人々にとってでなければ十分に信頼に足るものとは言えない。なぜなら、最大限慎重にことをはこぶ者でなければ、たちまち諸々の誤謬に陥ってしまうだろうから。というのも、諸々のものがこのように抽象的に概念され、その真の本質によって概念されない場合には、それらはただちに表象によって混同されてしまうからである。なぜなら、それ自体においてはひとつであるものを、人々は複合的なものであると表象するからである。というのも、人々が抽象的に、他と切り離して、また混同して概念するものどもに対して、彼らは別のよりなじみ深いものどもを指示するために用いる名称を付与し、そうなると、彼らが最初にその名称を付与していたこれら後者のものどもをつねづね表象するのと同じ仕方で前者を表象することになるからである〔訳注——この注はOPでは一文まえの「けれども、私たちはこの感得と合一がいったい何であるのかを、この議論だけから知得することはできない」のところについているが、アピューンの提案に従って位置を移した(Spinoza 1964, p. 187)〕。

[B23 = A16] さて、これらすべて〔の知得様式〕がよりよく知解されるように、次のただひとつの例を用いてみよう。三つの数が与えられるとして、第四の数——それと第三数との関係が、第二数の第一数への関係と等しい第四の数を求める、という例である。この点にかんして、商人たちは各自第四数を見出すために何をすべきかを知っていると口々に言い立てるが[*10]、それというのも、彼らが自分の師から証明抜きで伝え聞いたままの手続きをいまだ忘れずにいるからである。だが、他の人々はといえば、彼らはいくつかの単純な数についての経験から普遍的な公理[*11]を形成する。すなわち、第四数が、二、四、三、六におけるように自

ずから明らかである場合、彼らは第二数を第三数に乗じ、次いでその積を第一数で除することで商六が得られることを経験し、さらにこうして得られた数が、すでにこのような手続き抜きで比例していると分かっていた数と同じであることを見てとって、そこから彼らは、この手続きがいかなる場合でも第四の比例数を見出すのに適したものであると結論づけるのである。〔B24〕しかし、数学者たちは、ユークリッドの第七巻定理一九証明の力によって、いかなる数が相互に比例するかを知る。すなわち、比例の本性とその特質――第一数と第四数を乗じた数が、第二数と第三数を乗じた数に等しいこと――にもとづいて知るのである。しかしながら、彼らは与えられた諸数の十全なる比例性を見てとっているわけではなく、またもし彼らが十全なる比例性を見てとるとしても、それはこの定理の力によってではなくて、むしろ直観的に[12]、いかなる手続きも経ることなく見てとる[13]のである。[14]〔B25〕さて、以上の知得の諸様式から最上のものを選び出すためには、私たちの目的を達成するのに必要な手立てがいかなるものであるのかを手短に数え上げることが求められる。そうした手立てとは以下のものである。

〔A17〕Ⅰ　私たちが完全なものにしようと欲している私たちの本性を正確に知ること、そして同時に、必要とされるかぎりでのみ[15]、ものどもの本性について知ること。

〔A18〕Ⅱ　それでもって、それらの本性から、ものどもの相違点、一致点および対立点を正しく推論すること。

〔A19〕Ⅲ　また、それらがいかなるはたらきを被りうるか、被りえないかを正しく概念すること。

〔A20〕Ⅳ　そして、以上の点を人間の本性ならびに力能と比較対照すること。これらの諸点を踏まえれば、人間の達しうる最高の完全性が容易に明らかになるであろう。

〔B26＝A21〕ここまでのことを考慮に入れたうえで、私たちがどの知得様式を選ぶべきなのかを検討してみよう。

〔A22〕第一のものにかんして。伝聞にもとづく場合には、ことはいたって不確実であるという点を別にしても、私たちが先に示した例から明白なように、私たちがものの本質を決して知得しないということは自ずと明らかである。加えて、のちに見ることになるように[*16]、或るものの個別的実在は、その本質が認識されなければ知られないのであるから、ここから私たちは、伝聞にもとづいて私たちが手にする確実性なるもの[*17]のいっさいを諸学から排除すべきであると明断に結論づける。というのも、誰であれ、そのひと自身の知性〔による理解〕を踏まえることのない、たんなる伝聞のみによっては、決して心を動かされないであろうから[*18]。

〔B27＝A23〕第二のものにかんして[i]。この様式についてもまた、求められているあの比例の観念を誰も手にすることはない、と言うべきである。ことがいたって不確実であり、確定的なものでもないという点を別にしても、いずれにせよ、このような様式によっては誰も自然的なものどもにおいて、偶有性以外の何ものも——本質があらかじめ認識されるのでなければ明晰に知解されない偶有性以外の何ものも決して知得しないであろう。以上のことから、この様式もまた〔諸学から〕排除されるべきである。

(i) ここで私はいくぶん詳細に経験について論じたい。そして、経験派の人々ならびに近頃の哲学者たちの〔研究〕遂行方法を吟味するだろう〔訳注——NSは「経験派の人々」のあとに「いっさいを経験によって処理しようとする」という説明を付加している。ミシェル・ベイサッドは、ここで言及されている「経験派の人々」として、紀元二〜三世紀のローマやアレクサンドリアで活動した医学者たち、およびベーコンを挙げている (Spinoza 2009, p. 146, n. 43)。なお、この注で告げられた予定が果たされることはなく、畠中は「この註はスピノザが自らへの心覚えとして書いたものであろう」と述べている(スピノザ 一九六八、九二頁)〕。

[B28 = A24] 他方で、第三のものにかんしては、或る点において、確かに私たちは〔この様式によって〕ものの観念を手にし、そのうえでさらに誤謬の危険なく結論を引き出すと言うべきではあるけれども、とはいえこの様式は、それ自身においては、私たちが自らの完全性を獲得する手立てにはならないだろう。

[B29 = A25] 第四の様式のみが、ものの十全な本質を誤謬の危険なしに包括的に理解する

のであり、そのため、この様式こそが何にもまして行使されるべきであろう。それゆえ私たちは、いまだ認識されざるものどもをこのような認識によって知解するために、また同時にこのことができるだけ速やかになされるために、この様式がいかに活用されるべきかを説明することに取りかかろう[*19]。［B30 = A26］どのような認識が私たちに必要なのかを知ったからには、私たちがそうした認識によって、認識されるべきものどもを認識する途、ならびに方法[*20]が叙述されるべきである。そのためにまず先に考察されるべきなのは、この点にかんする無限に続く探究など生じないだろう、ということである。どういうことかといえば、真なるものを探究する最上の方法を発見するために、真なるものを探究する方法自体を探究するための別の方法が必要とされ[*21]、またこの第二の方法を探究するために、さらにまた別の第三の方法が必要とされる、という仕方で無限に続いていく——このようなやり方では決して真なるものの認識に至らないどころか、そもそもいかなる認識にも至らないだろう、ということである。こうした事態はじつに物体的道具にまつわる事情と同様であって、ここでも同じ仕方で論を進めることができよう。というのも、鉄を鍛えるためにはハンマーが必要であり、そしてハンマーを手にするためにはそれをつくる必要があって、ハンマーをつくるためには別のハンマーと他の諸道具が必要であり、これらを手にするためにもまたさらに別の諸道具が必要となるだろう、といったように無限に続く[*22]。そして、誰かがこうした論じ方で、人間たちが鉄を鍛えるいかなる力も有していないことを証明しようとするなら、それは無駄な努力というものだろうからである。〔B31〕実際のところは、しかし人間たちは手はじめに生来そなわった諸道具を用いて、いくばくかのきわめて簡単なものを苦労して不完全にではあるがつくることができたし、またこれらをつくりあげたのちには、それらに比してより困難な別のものどもを、より少ない労力でより完全につくりあげたのであって、このようにきわめて単純な作業から道具へと、またこれらの道具からさらに別の作業ならびに道具へと段階的に進んでいき、かくて〔彼らは〕多くの、そしてたいそう困難なものどもをわずかな労力で完成させるに至ったのである。それと同様に、知性もまた自らの生まれもった力[k]によって、自己自身に対して知性的な諸道具をつくり与え、それらを用いて別の知性的な作業[1]を遂行する別の諸力を獲得し、さらにこれらの作業からまた別の道具を、言うならば、なおいっそう探究を進める力を得て、かくて段階的に進んでいき、ついには智慧の頂に達するようになるのである。[*23]〔B32〕さて、知性をめぐる事情がかくのごとくであること、この点は真なるものを探究する方法とは何であるかを、ならびに、なおいっそう〔探究を〕進めるために他の諸道具を製作すべくそれだけは必要とされる、あの生来そなわった道具とはいかなるものであるかを知解しさえすれば容易に見てとられるであろう。この点を示すために、私は次のように論を進める。

（k）　生まれもった力ということによって、私は、私たちのうちにあって、外的諸原因によってもたらされることのないものを知解するが、この点はのちに私の哲学において説明するだろう〔訳注――「もたらされることのない」という否定のnonはOPやNSに欠けているが、多くの注釈者、解釈者に倣って否定を補う。なお、この注と次注の「私の哲学」という表現にかんして、NSには「私の」にあたる形容詞がない〕。

（l）ここでは作業と呼んでおく。それが何であるかは、私の哲学において説明されるであろう。

[B33 = A27] 真の観念(m)は（実際、私たちは真の観念を有している）その観念対象[*24]とはことなる何かである。じつに円と円についての観念は別ものなのだから。というのも、円についての観念は円のように円周と中心を有する或るものではないし、また物体・身体[*25]についての観念は物体・身体そのものではないからである。そして、観念がその観念対象とことなる何かであるからには、観念はまたそれ自身によって知解されうる或るものであろう。言いかえれば、観念は、その形相的本質にかんして言えば、他の対象的本質[*26]の対象でありうるし、さらにこの別の対象的本質のほうもまた、それ自体において見られるなら、事象的[*27]で知解可能な何かであろう、といった仕方で無限に進む。[B34] たとえば、ペテロは事象的な何かである。他方、ペテロについての真の観念はペテロの対象的本質であり、かつそれ自身事象的な何かであり、さらにペテロ自身とまったくことなる何かである。このように、ペテロについての観念は事象的な何かであり、それ固有の本質をもつので、それはまた知解可能な何かで

もあろう。すなわち、それは別の観念の対象となり、この別の観念はそれ自身のうちに、ペテロについての観念〔自体〕が形相的に有するすべてを、対象という資格で有するであろう。さらに、ペテロについての観念についてのものであるこの観念のほうもまた、こちらとしても自らの本質をもち、これまたさらに別の観念の対象でありうる、といった仕方で無際限に進むのである。このことは、誰であれ、ペテロが何であるかを自ら知ること、さらにまたそれを自らが知るということを知ることを見てとるなかで、またさらに各人がそれを知っていることを自ら知るということを知るなかで、経験によって確かめることができる。以上のことから確認されるのは、ペテロの本質を知解するためには、ペテロについての観念自体を知解する必要がないこと、ましてやペテロについての観念についての観念を知解する必要はなおさらないということである。これは、私が知るために、私が知るということを知る必要はなく、ましてや私が知るということを私が知ることを知る必要などなおさらないのと同じであり、三角形の本質を知解するために円の本質を知解する必要がないのと同様である[n]。ところが、反対に、これらの観念〔観念についての観念〕では逆のことが起こる。というのも、私が知るということを知るためには、必然的に私はまず知らなければならないからである。[*28] 〔B35〕以上のことから、確実性が対象的本質そのもの以外の何ものでもないことは明白である。すなわち、私たちが形相的本質を感得するその様式こそが、確実性そのものなのである。[*29] ここからさらに、真理の確実性にとって、真の観念をもつこと以外のいかなるしるしも必要とされないこともまた明白である。というのも、私たちがすでに示したように、私が知るためには、私が知るということを知る必要はないからである。以上のことを踏まえて逆の方面から言えば、或るものについて十全な観念[*30]を、あるいは対象的本質を有する者以外の誰も、最上の確実性とは何かを知ることができないことは明白である。事情はじつにこのとおりなのであって、それというのも確実性と対象的本質は同じものだからである。[*31] [B36] そういうわけで、真理はいかなるしるしをも必要とせず、むしろあらゆる疑いが取り去られるには、諸々のものの対象的本質を、あるいは同じことだが、それらのものどもについての観念を有するだけで十分なのだから、ここから、真の方法は諸々の観念を獲得したあとに真理のしるしを探究することに存するのではなく、むしろ真理そのもの、あるいは諸々のものの対象的本質、あるいはそれらのものどもについての観念が（これらはすべて同じものを意味する）しかるべき順序で[*32]探究される途(1)こそが真の方法である、ということが帰結する。

[B37] 方法の観点のほうから言い直してみれば、方法は必然的に推論について、あるいは知解作用について語らなければならない。すなわち、方法は諸々のものの原因を知解することを目指して推論することそのことではないし、ましてや諸々のものの原因を知解すること自体ではなおさらない。むしろ方法は、真の観念をその他すべての知得から区別し、その本性を究明することによって真の観念とは何かを知解し、そのことによって私たちの知解する力能を知り、そして精神を統御して、知解されるべきすべてのものをこの〔真の観念という〕

規範にのっとって知解するようにさせ、また補助手段[*33]として確実な諸規則を与え、かくてさらに精神が無益なことによってわずらわされないようにすることに存する。［B38］以上のことから、方法とは反照的認識[*34]、あるいは観念についての観念にほかならない、ということが結論づけられる。そして、まず観念が存しなければ観念についての観念も与えられないのだから[*35]、したがって方法はまず観念が存しなければ与えられないことになろう。この点からして、精神が与えられている真の観念[*36]の規範にのっとっていかに導かれるべきかを示す方法こそが、よい方法であることになろう[*37]。［A28］さらには、二つの観念のあいだにある関係は、これらの観念の形相的本質[*38]のあいだにある関係と同一であるから、ここから帰結するのは、もっとも完全な存在者の観念についての反照的認識こそが、その他のあらゆる観念についての反照的認識より秀でていることになる、ということである。すなわち、もっとも完全な存在者について与えられている観念の規範にのっとって精神がいかに導かれるべきかを示す方法こそが、もっとも完全なものである、ということになるだろう[*39]。［B39］以上のことから容易に知解されるのは、精神が、より多く知解することで、同時に別の諸道具[*40]を獲得していき、それらを用いてより容易に知解を進めていく様式である。というのも、上述のことから結論づけることが許されるように、あらゆるものに先立って、私たちのうちには真の観念が生来そなわった道具として実在するはずであり、まさにこの真の観念が知解されれば、それと同時に、そのような知得とその他すべての知得のあいだにある差異もまた知解されるだろうからである。まさにこの点に方法の一部が存する。そして、精神が自然についてより多く知解すればするほど、それだけいっそう自らをよりよく知解するということはそれ自体で明らかなので、ここから確立されるのは、方法のこの部分は、精神がより多く知解すればするほどより完全なものになるだろうということ、ならびに、精神がもっとも完全な存在者の認識へと注意を向けるとき、言うならばそれを反照するときに、もっとも完全なものになるだろうということである。［B40］次に、精神はより多くのことを知れば知るほど、それだけよりよく自らの諸力ならびに自然の順序を知解する。他方で、精神は自らの諸力をよりよく知解すればするほど、それだけより容易に自己自身を導くことができ、またより容易に自らに対して諸規則を定めることができる。さらに、精神は自然の順序をよりよく知解すればするほど、それだけより容易に無益なことにかかずらうことのないようにすることができる。先に述べたように[*41]、以上の諸点にこそ方法の全体が存するのである[*42]。［B41］付け加えて言えば、観念が対象的にふるまう様式は、その観念対象が事象的にふるまう様式と同一である[*43]。したがって、もし仮に自然のうちに他のものどもと何の連関ももたない或るものが存するとすれば、またその対象的本質も与えられるなら[*44]、この対象的本質は形相的本質に全面的に一致するはずであろうから、こちらもまた他の諸観念と何の連関ももたないことになろう[(p)]。すなわち、私たちはその対象的本質について何の結論も下すことができないだろう。反対に、自然のうちに実在するすべてのものがそうであるように、他のものと連関をもつものは知解されるであろうし、それらの対象的本質もまた同一の連関を有するであろう。すなわち、他の諸観念がそれらから導出されるであろう。そして、これら諸観念のほうもさらに他の諸観念と連関を有することになり、このようにしてなおいっそう探究を進めていくための諸道具が増大していくことになろう。私たちが証明しようとしていたのはまさにこのことであった。[*45] 〔B42〕さらに論を進めれば、私たちの述べたこの最後の点、すなわち観念がその形相的本質と全面的に一致するはずであるということにもとづいて、今度は、私たちの精神が自然という型を全面的に反映するためには、[*46] 精神のすべての観念を、自然全体の起源と源泉を反映する観念から出発して産出し、もってこの観念がまた残りのすべての観念の源泉となるようにしなければならないことは明白である。

（m）　ここでは私がいましがた述べたばかりのことを示そうとしているだけでなく、私たちがここまで正しく進んできたこと、また同時に、大いに知る必要のある他のことどもをも示そうとしている点に注意されたい。

（n）　ここで私たちが最初の対象的本質がどのような仕方で私たちに生来そなわっているのかを探究しないことに注意されたい。この点は自然についての探究にぞくすることだからである。自然についての探究においては、この点はより詳細に説明され、また同時に観念のほかにはいかなる肯定ならびに否定、および意志もまた存しないことが示される〔訳注――「観念のほかにはいかなる肯定ならびに否定、および意志もまた存しない」という点は、『エチカ』第二部定理四九とその備考にも見える。そのため「自然についての探究」が『エチカ』を示すと考える論者も多い（たとえば、レクリヴァン（Spinoza 2003, p. 171, n. 14）やルッセ（Spinoza 1992, p. 232））。また、「意志」を「肯定し否定する能力」とし、知解することが「純粋の受動である」とする『短論文』の議論（それぞれ、第二部第一六章（スピノザ 二〇一八、一九四頁、またスピノザ 二〇二三ａ、一〇四頁）、第二部第一五章（スピノザ 二〇一八、一九二頁、またスピノザ 二〇二三ａ、一〇二頁））が「デカルト的な立場」にあると考えるジョアキムは、『短論文』のこの議論と目下の注とのあいだにスピノザの思想の「転回」を見ている（Joachim 1940 (1958), p. 58, n. 2）。なお、佐藤はこの注が［B33 = A27］冒頭の「（実際、私たちは真の観念を有している）」という箇所にあるほうが「適切であるように思われる」と言う（スピノザ 二〇一八、三〇七頁、注（109））」。

（o）魂における〔この〕探究がいかなるものであるか、この点は私の哲学において説明される。

（p）他のものどもと連関をもつというのは、他のものどもから産出されるということ、あるいは他のものどもを産出するということである。

［B43 = A29］ここでひょっとすると、よい方法とは精神が与えられた真の観念の規範にのっとっていかにして導かれるべきかを示すものであると語ったのちに、私たちがそれを推論によって立証しようとしていることに驚くひともいるかもしれない。〈推論によって立証し

ようとする点で〕それが自明ではないことを示しているように見える、というわけである。加えてまた、私たちが正しく推論しているかどうかも問題とされうる。私たちが正しく推論しているからには、与えられた真の観念から出発しているはずだが、与えられた観念から出発するということが証明を要することになっているのだから、私たちは新たに自分たちの推論を立証しなければならなくなり、そうなるとまた今度はこの第二の推論を立証しなければならなくなり、といった仕方で無限に続くはずではないか、と。［B44］さて、私はこれに対して次のように答える。もし誰かが自然を探究しているときに、一種のめぐりあわせによって、与えられた真の観念の規範にのっとって他の諸観念をしかるべき順序で獲得しつつ進んでいたとすれば、真理は私たちが示したように自己自身をあらわにするのだから、[*47] そのひとは決して自らの有する真理[9]について疑わなかっただろうし、またすべてがひとりでにそのひと〔の認識〕に流れ込んできたであろう。[*48] けれども、こうした事態は決して起こらないか、あるいは起こるとしてもまれなことなので、だからこそ私は、めぐりあわせによってはなしえないことがらを、それでもなおあらかじめ練り上げられた企図のもとで私たちが獲得するように、と同時に、真理と正しい推論を立証するにさいして、私たちが真理自身と正しい推論以外のいかなる道具も要しないということが明らかになるように、以上のような論を立てざるをえなかったのである。実際、私は正しい推論を正しく推論することによって、その正当性を確認してきたし、さらに目下のところもなお、これを立証しようと努めているのである。［B45］加えてまた、こうしたやり方によってこそ、人々が自己自身についての内的な省察に慣れるようになる、ということもある。[*49] ところで、自然の探究において、しかるべき順序で自然の究明が行われるのがまれである理由はといえば、〔まず〕それは諸々の先入見に由来するのだが、これら先入見の原因についてはのちに私たちの哲学において説明することにしよう。[*50] 次に、のちに示すように[*51]〔この究明のためには〕細心の注意を払った相当な区別が必要であるが、これはたいそう骨の折れることだからである。最後に、人事をめぐる状況が、すでに示されたとおり[*52]、まったくもって定めがたいものだからである。これら以外にもなお別の諸理由があるけれども、私たちはこれには立ち入らないでおく。[*53]

（q）ここで私たちもまた私たちの〔有する〕真理について疑わないように。

［B46 = A30］ひょっとすると、真理は自己自身をあらわにするというのに、なぜ私自身はのっけから何よりも先に自然の諸真理をこの順序で示したのか、と問うひとがいるかもしれない。私はそのひとに対して次のように応答し、同時に警告する――ことによるとあちこちで目にするかもしれない諸々の逆説のために、私たちが語ることを偽なるものとして切って捨てようとせず、そのまえに私たちがそれらを立証する順序を考察してくれるように、と。そうすれば、私たちがすでに真なるものを手中に収めていたということが確実なものとなる

であろう。そして、まさにこのことが、私がこれらのことを前置きしたゆえんだったのである。*54

〔B47＝A31〕もしやこの期におよんで誰か懐疑論者が、第一の真理そのものについても、また私たちがその第一の真理の規範にのっとって導出するすべての真理についても、相も変わらず疑い続けるとでもするなら、彼はじつに内心*55に反して語っていることになるか、さもなくば私たちは、生まれながらにしてか、あるいは諸々の先入見ゆえに、要するに何らかの外的な事情によって、その心の奥深いところでもまた目のくらんだ人間たちがいるということを認めざるをえないだろう。というのも、彼らは自己自身さえ感得することがないからである。つまり、〔どういうことかというと〕彼らが何ごとかを肯定しあるいは疑うとしても、彼らは自分が疑っているということ、あるいは肯定しているということを知らない。彼らは自分は何も知らないと言う。なおかつ、彼らが何も知らないというまさにそのことさえ自分は知らずにいると言う。しかも、そのことをはっきり言いきることもない。というのも、彼らは何も知らないあいだに自らが実在することを認めてしまうのではないかと危惧するからである。その結果、しまいに彼らは、真理のにおいを放つ何ごとかを図らずも認めてしまうことがないように口をつぐまざるをえない。〔B48〕結局のところ、彼らとは諸学について語るべきではないのである。というのも、〔一方で結局〕生と社会の慣行にかかわることにかんしては、彼らは必要に迫られて自らが存在することを前提とし、また自らを利するものを求め、申し合わせて多くのことを肯定し否定することを強いられているからである。〔しかし、また他方で〕彼らを相手に何ごとかが立証されるとしても、彼らはその論証が説得的なものであるか、あるいは欠陥のあるものであるかを知らないからである。彼らは否定し、譲歩し、あるいは反論しこそすれ、自らが否定し、譲歩し、あるいは反論していることを知らない。こうなると、彼らは全面的に精神を欠いた自動機械とみなされざるをえない。[56]

[B49 = A32] ここで私たちの主題を取り上げ直してみよう。ここまで私たちは、第一に、私たちの思考のすべてをそこに導こうと専心する目的をもった。第一に、そのおかげで私たちが自らの完全性に至ることができるであろう最上の知得〔様式〕とはいかなるものかを認識した。第三に、精神が正しく歩み出すために踏み込むべき最初の途とはいかなるものかを認識した。その途とは、すなわち、何であれ与えられた真の観念の規範にのっとって、確実な諸規則に従って探究し続ける、ということである。[57] このことが正確に遂行されるためには、方法は次のことを果たさなければならない。第一に、真の観念を他のすべての知得から区別し、かつ精神を他の諸知得から遠ざけておくこと。第二に、〔いまだ〕認識されざるものどもが、このような規範にのっとって知得されるように諸規則を定めること。第三に、私たちが諸々の無益なことによって疲弊してしまうことがないように、順序を制定すること。[58]〔以上が方法の果たすべきことである。〕ひとたびこの方法を知ったあとで、第四に、この方法は私たちが最高完全な存在者の観念を手にしたときにこそ、もっとも完全なものとなると

いうことを見た。[*59] 以上のことから、まずはじめに、できるだけ速やかにこのような存在者の認識に達することに最大限専心しなければならないであろう。

〔方法の第一部――真の観念と他の諸知得の区別〕

［B50＝A33］そういうわけで、[*1] 方法の第一部から取りかかろう。すでに述べたように、この部門は、真の観念を他の諸知得から区別し、かつ切り離すこと、そして精神を統御して、偽なる観念、仮構された観念ならびに[*2]疑わしい観念を、真の観念と混同しないようにすることに存する。何はともあれ、ここで私はまさにこの点を仔細に説明する心づもりだが、それはかくも不可欠なことがらについての思索のうちに読者を引きとどめるためであり、また真の知得と他のすべての知得のあいだに存する区別に注意を向けなかったがゆえに、真の観念についてさえ疑うひとが多いからでもある。こうした人々は結果的に、目覚めていたときには自分が目覚めていることを疑わなかったのに、ひとたび夢のなかで自分が確実に目覚めていると思いなし――これはよくあることである――、そののちそれが誤りであったことが分かると、自分が目覚めていることについてもまた疑ってしまう人間たちのようなものであるる。こんなことが起こるのは、彼らがねむりと覚醒[*3]を一度たりとも区別したことがなかったからである。［B51］ともあれ断っておけば、私はここで[*4]各々の知得の本質を説明しようとし

ているのでも、それをその最近原因[*5]によって説明しようとしているのでもなく――というのも、この点は哲学にぞくするから――、むしろ方法が要求するもの、すなわち、仮構された知得、偽なる知得、ならびに疑わしい知得がいかなることがらにかかわるのか、および私たちがそれらの各々からいかにして解放されることになるのかということのみを説き示していくだろう。そういうわけで、まずは仮構された観念にかんする考究からはじめていこう。

[B52 = A34] あらゆる知得は、実在すると考えられたものについてか、あるいはもっぱら本質のみについてのものであり、かつ、仮構は実在すると考えられたものにかかわるさいにより頻繁に生じるので、それゆえまずはこの点について、すなわち、ただ実在のみが仮構され、これこれの存在状態において[*6]仮構されるものは知解されている、あるいはより正確には知解されていると想定される場合について述べていこう。たとえば私は、私がすでに知っているペテロが家に向かうこと、彼が私を訪問することなど、こうした類いのことを仮構する(r)。ここで、このような観念はいかなることがらにかかわっているのか、と問うてみよう。すると、私はこうした観念が必然的なことがらでも不可能なことがらでもなく、もっぱら可能的なことがらにのみかかわっていることを見てとる。[B53] 私が不可能なものと呼ぶのは、それが実在するとされる場合にその本性が矛盾を含むことになるもの、必然的と呼ぶのは、それが実在しないとされる場合にその本性が矛盾を含むことになるもの、可能的と呼ぶのは、その実在が、確かにその本性そのもののうえでは、そのものが実在しようと実在しま

いと矛盾を含まないが、しかし〔実際には〕その実在は諸々の原因に依存するかたちで必然的であるか不可能であるかのいずれかであって、それらの原因が私たちが当のものの実在を仮構しているあいだには私たちに知られていないものである。そして、このため、もし外的な諸原因に依存している当のものの〔実在の〕必然性あるいは不可能性が私たちに知られていたなら、この〔可能的なものの〕実在についてもまた何ら仮構できなかったであろう。[*7]

[B54] ここから、何らかの神[*8]、あるいは全知の者が存するなら、その者は[*9]まったく何も仮構できないだろうということが帰結する。というのも、私たちにかんして言えば、私は自らが実在することを知ったうえで(s)自らが実在することあるいは実在しないことを仮構できないし、また私は針の穴を通り抜けるような象を仮構することもできないし、また神の本性を知ったあとでは(t)神を実在するものとしてあるいは実在しないものとして仮構することもできないからである。その本性とそれが実在することが矛盾関係にあるキマイラ[*10]についても、同じことが知解されるべきである。以上の諸点から、私がいましがた述べたこと、すなわち私たちがここで語っている仮構が諸々の永遠真理(u)にかんしては生じないことは明らかである。

[B55] とはいえ、先に進むまえに、ここで行きがかり上注意しておく必要があるのは、或るものの本質と他のものの本質のあいだにある差異が、そのものの現実性[*11]あるいは実在と他のものの現実性あるいは実在のあいだにある差異と同一であることである。このため、もし私たちが、たとえばアダムの実在をたんに一般的な実在のみによって概念しようと望むのであ

れば、これはアダムの本質を概念するために存在者〔一般〕の本性に注意を向け、結局「アダムは存在者である」と定義するのと同じであろう。そういうわけで、実在がより一般的に概念されるほど、それだけまた実在は混然とした仕方で概念され、かつ、より容易に各々のものに仮構されうる。これと対比的に、実在がより特殊的に概念される場合には、実在はより明晰に知解され、かつ、私たちが自然の順序に注意を向けない場合であっても、問題となっている当のものそのもの以外[*12]の或るものに仮構されることはより困難となる。これは注意に値することがらである。

（r）私たちによって明晰に知解される諸々の仮説についてのちに与えることになる注記を参照せよ。とはいえ、仮構がどこにあるかといえば、このように仮定されたものがそのようなものとして諸天体のうちに実在すると言明してしまうことにある〔訳注――［B57＝A36］の原注（y）を参照〕。

（s）こうしたことがらは、それが知解されさえすれば自ずと明白なものになるのだから、ただ実例を挙げるだけでこと足りるのであって、それとは別の証明を必要としない。こうしたことがらと矛盾することについても事情は同じであって、それが偽であることが明らかになるには、それがただざっと吟味されるだけでよい――この点は本質にかんする仮構について私たちが語るさいに、ただちに明らかになるだろう〔訳注――［B58＝A37］～［B64］を参照〕。

（t）注意。神が実在するかどうかを自分は疑うという多くのひとがいるにしても、しかし彼らは

〔神という〕名称以外の何ものも有していないか、あるいは彼らが神と呼ぶ何かを仮構しているのである。こうしたことは、私がのちに適切なところで示すであろうように、神の本性と合致しない〔訳注――［B76］や『エチカ』第一部定理一一備考などを参照〕。

（u）ただちにまた私は、いかなる虚構も諸々の永遠真理にはかかわらないことを示すだろう。永遠真理によって、私は〔それを表す命題が〕肯定的である場合、決して否定のかたちになりえないものを知解する。そこで、第一かつ永遠の真理は「神は実在する」〔という命題〕であるが、他方「アダムは思考する」〔という命題〕は永遠真理ではない。「キマイラは存在しない」は永遠真理であるが、他方「アダムは思考しない」はそうではない〔訳注――この注の一文目は、OPにあってNSにはない。ゲプハルトはこの一文を［B54］の最後に繰り入れており（Geb-II, 20）、畠中もこれに従っている（スピノザ 一九六八、四三頁）〕。

［B56 = A35］さて、ここで、一般に仮構されていると言われるが、しかし事態が仮構されているとおりのものではないことを私たちが明晰に知解していることがらを考察するのがふさわしい。たとえば、私が地球がまるいことを知っていても、誰かに「地球は半球であって、半分に切られて小皿に置かれたオレンジのようなものだ」とか、あるいは「太陽は地球の周囲をまわる」といった類いのことを語るのをさまたげるものは何もない。これらのことに注意を向けるなら、私たちはすでに述べられたこと[*13]と整合的でない何ものも見出さないだろう――ただし、まずは私たちがときおり誤ることがありえたこと、そして目下自らの誤り

を意識していることに注目し、次いで、他の人々が同じ誤りのうちにあると、あるいは以前の私たちがそうだったように誤りに陥りうると仮構しうること、あるいは少なくともそう見立てうることに注目しさえすれば、ということだが。繰り返しになるが、私たちがこうしたことを仮構しうるのは、いかなる不可能性も、またいかなる必然性も見てとらないかぎりにおいてである。[*14] たとえば、私が誰かに「地球はまるくない」等々と言うとき、私がしていることは、私がかつて図らずも犯した誤り、あるいははまり込みえた誤りを記憶に呼び戻し、そしてそののち、私がこのようなことを言って聞かせているそのひともまた同じ誤りのうちにあると、あるいはそこにはまり込みうると仮構すること、ないしそう見立てること以外ではない。すでに述べたように、こうしたことを私が仮構するのは、私がいかなる不可能性を、またいかなる必然性をも見ないかぎりでのことである。だが、私がそのいずれかを知解していた場合はといえば、私はまったく何ものも仮構できなかったろうし、ただ或ることをためしてみただけと言うべきであっただろう。[*15]

[B57 = A36] ところで、目下、学問上の問題をめぐる議論[*16]において仮定されることがらについてもまた指摘すべきことが残っている。この仮定は不可能なことについてさえ随所に生じるのである。たとえば、「この燃えているロウソクがいま燃えていないと仮定しよう」とか、「このロウソクが、何らかの想像上の空間、言うならばいかなる物体も存しない空間で燃えていると仮定しよう」などと私たちが言う場合がそうである。[*17] このような空間は不可能

だと明晰に知解されるにもかかわらず、これらと似たようなことがらが随所で仮定される。ところが、しかし、こうした場合にはまったく何も仮構されてはいないのである。というのも、第一の事例で私がなしたことは[x]、燃えていない別のロウソクを記憶に呼び戻したのち（あるいは目の前の〔燃えている〕ロウソクを炎なしに概念したのち）、そのロウソクについて私が知解するところを、そのまま目の前のロウソクについて、炎に注意を向けないかぎりで思考すること以外ではないのだから[*18]。第二の事例では、〔ロウソクの〕まわりを取り囲む諸物体から私たちの思考を引き離し、それを受けて精神が、それ自身においてのみ見られたロウソクを観想することだけに向きを転じ、もってそののち、ロウソクがそれ自身〔の火〕を絶やすいかなる原因ももたない状況をつくりだしているだけである。その結果として、もしまわりを取り囲む諸物体がまったく存在しなかったとしたら、このロウソクは、そしてまたその炎は不変のままにとどまっていたであろう、あるいはこれに類する状況になっていただろう[*19]。したがって[y]、ここにはいかなる虚構もなく、むしろ真正かつ端的な諸々の主張があるのみである。

（x） すぐのちに私たちが本質にかかわる仮構について語るさいに、仮構は決して何か新しいものを生み出したり精神に提供したりすることがないこと、むしろただ脳あるいは表象機構のうちにあるものどもが記憶に呼び戻されるだけであること、そして精神は混然とした仕方でこれらのものすべてに同時に注意を向けること、以上のことが明晰に見てとられるだろう。たとえば、発話と樹木が記憶のうちに呼び戻され、そして精神が混然とした仕方で区別なく〔それらに〕注意を向けるとき、精神は樹木がことばを話すと思い込む。同じことが実在〔にかんする仮構〕についても知解されるが、それはとりわけ、すでに述べたように実在が、存在するものという程度でごく一般的に概念される場合に言える。というのも、その場合には、実在は記憶のうちに同時に現れるすべてのものに容易に適用されるからである。これはきわめて注目に値することがらである〔訳注——表象機構や記憶については、［B81＝A44］～［B84＝A45］および［B88＝A47］～［B90＝A48］を参照。実在については［B55］参照。「表象機構」と訳した原語は imaginatio であり、他の箇所では「表象」と訳したが、ここでは「脳」と並べ置かれており、身体性をもつものと理解できる。デカルトは『規則論』規則一二において、phantasia ないし imaginatio が「身体の真なる部分」であると語っている（AT-X, 414＝デカルト 一九七四、七五頁。訳文を変更）〕。

(y) 天体の現象と合致する正確な運動を説明するために形成される諸仮説についてもまた同じことが知解されるべきであるが、ただしこれらの仮説が天体の運動に適用されるとしても、それらから天体の本性を結論づけてはならない。この本性は、とりわけそのような運動を説明するためのその他の多くの原因が考えられるために、〔その結論とは〕なお別様でありうるからである〔訳注——デカルト『哲学原理』第三部第一五、一九、四三～四六項、および第四部第一九九～二〇七項、スピノザ『デカルトの哲学原理』第三部序文、トマス・アクィナス『神学大全』第一部第三二問第一項異論解答二参照〕。

〔B58＝A37〕さて、今度は、もっぱら本質のみにかかわるか、あるいは何らかの現実性、言うならば実在を同時にともなう本質にかかわる仮構に移ろう。これらの仮構にかんして、とりわけ考慮に入れなければならないのは次の点である。精神が知解することがより少なく、しかし同時により多くを知得するほど、[*20]それだけ精神はより大きな仮構する力能を有し、また、知解することがより多いほど、それだけこの力能が減じられる、ということである。たとえば、右に見たとおり、[*21]私たちは自分が思考しているあいだに、自らが思考することならびに思考しないことを仮構できないのと同様に、ひとたび物体の本性を知ったのちには、私たちは無限に大きなハエを仮構することもできない。また、ひとたび魂の本性を知ったのちには、ことばではどんなことでも言い表すことができるとはいえ、魂が四角であると仮構することはできない。他方で、すでに述べたように、人間たちは自然を認識することがより少ないほど、それだけより容易に多くのことを仮構しうる。[*22]たとえば、樹々が話す、人間たちが一瞬にして石に変化し、泉に変化する、鏡のなかに幽霊が現れる、無が何ものかになる、神々でさえ獣や人間に変化するなど、こうした類いの他の無数のことを。[*23]

（z）或るひとがこの「魂」ということばのひびきを自らの記憶に呼び戻し、それと同時に何らかの物体的な像を形成するというのは、しばしば起こることではある。じつにこれら二つが同時に思い浮かべられるわけなので、そのひとは容易に自分が物体的な魂を表象し、また仮構していると思いなしてしまうけれども、それは彼が名称をものそのものから区別しないからなのである。私はここで読者たちに、この点を性急に退けてしまわないよう願いたい。諸々の事例と同時に以下の〔本文で示される〕諸論点に細心の注意を払いさえすれば、私が望むように、そのようなことはしないだろうとは思うが。

[B59 = A38] ひょっとすると、こう思い込むひともいるかもしれない。仮構に終止符を打つのは仮構であって、知性作用ではない、と。言いかえれば、私が何ごとかを仮構し、かつ一種の自由によって、それがそのようなものとして自然のうちに実在するということに同意を与えようと意志したのちには、その結果として、私たちは以後、それを別の仕方で思考することができなくなるのだ、と。たとえば、(このひとたちの立場で語るなら)私が物体の本性をこれこれのものと仮構し、そして私の自由にもとづいて、物体の本性がそのようなものとして実際に実在すると自らに納得させようと意志したのちには、たとえば無限大のハエを仮構することなどもはや許されないし、また魂の本質を仮構したのちには、それを四角にすることはできない、などといったように。[B60] さて、これは吟味されてしかるべきことがらである。まず、このひとたちは、私たちが何ごとかを知解できることを否定するか容認

するかのいずれかである。容認する場合には、彼らが仮構について語るまさにそのことが、知性理解についてもまた必然的に語られねばならないことになろう。他方、否定する場合には、私たちは——自らが何ごとかを知っていることを知っている者としては、彼らが何を語ることになるのかを見てみよう。彼らはこう語る。「魂が感得し、また多くの仕方で知得することができるのは、魂自身でも実在するものどもでもなく、もっぱら魂のうちにも、その他のどこにもないもののみである」。言いかえれば、「魂はそれ自身の力のみによって、ものどもと関連のない諸感得や諸観念を創造することができる」と。こうなると結局、彼らは魂をいくばくか神のようにみなしていることになる。次に彼らが言うには、私たちあるいは私たちの魂は、私たち自身あるいは魂自身を、より正確には自らの自由そのものを拘束してしまうことになるような自由を有している。というのも、魂が何ごとかを仮構し、かつそれに同意を与えたのちには、魂はそれを別の仕方で思考し、あるいは仮構することはできず、そしてまたその仮構によって、魂がはじめの仮構と矛盾しないような仕方でさらに思考するべ[*25]く拘束されるからである。ちょうどここでもまた、彼らが彼ら自身による仮構のゆえに、私がいまここで検討している諸々の背理を認めるべく拘束されているように。だが、これらの背理を正すべく証明に証明を重ねる労はとらないでおこう。〔B61〕むしろ、彼らのほうは錯乱するがままにまかせておいて、私たちとしては、彼らの立場で語ったことばから、私たちの関心事にとって何か真なることをくみとるように心がけよう。それはすなわち、次のものである。(a) 精神は、[*26] 仮構され、かつその本性上偽なることがらに注意を向け、もってそれを仔細に吟味し、そして知解し、さらにそこから導出されるべきことどもを適切な順序で導出するなら、容易にそれが偽であることを見抜くであろう。そして、仮構されたことがらがその本性上真なるものであるなら、精神がそれに注意を向け、それを知解しようと専心し、かつそこから帰結することを適切な順序で導出しはじめる場合、精神は何らの中断もなく首尾よくそれをなしとげるだろう。まさにいま言及したばかりの偽なる仮構から出発して、知性自身がただちにその背理を、またそこから導き出される他の背理をあらわにしてみせたように。

(a) 確かに、私がこのことを経験から結論づけているように見えるかもしれないし、論証を欠いているがゆえに無効であると言うひともいるかもしれないが、もし論証をお望みなら、それは以下のようになろう。自然のうちには、その諸法則をそこなういかなることがらも存しえず、むしろすべてはその一定の諸法則に従って生じ、そのためそれらが一定の諸結果を一定の諸法則に従って、揺るぎえない連結において産出するがゆえに、ここから、魂がものを真に概念する場合には、これら同一の諸結果を対象的に形成し続けるということが帰結する。のちに私が偽なる観念について語る箇所を見よ〔訳注――この注はOPでは少しまえの［B60］の末尾付近に付されているが、NSの箇所に従った。内容的には［B61］の末尾に付したほうが分かりやすいかもしれない。この注の内容については、〔B41〕、〔B85＝A46〕および〔B104＝A60〕も参照されたい〕。

〔B62＝A39〕したがって、私たちは、ものを明晰かつ判然と知得しさえすれば、何ごとかを仮構することに何ら不安を抱かなくてもよいことになろう。というのも、ひょっとして私たちが「人間たちが瞬時にして動物に変化する」と言うことがあるとしても、これはあまりに漠然と語られているのであって、そのため精神のうちにはいかなる概念も、すなわち観念、言うならば主語と述語の整合的結合[*27]も与えられないのだから。というのも、もしそれが与えられていたとしたら、精神は同時に、そのようなことが生じた過程、およびそのようなことを生ぜしめた諸原因を見てとっていたであろうから。加えて、〔この事例では〕主語および述語の本性にも注意が向けられていないのである[*28]。〔B63〕さらに、最初の観念が仮構されたものではなく、かつその観念から他のすべての観念が導出されさえすれば、性急に仮構してしまうことは徐々になくなっていくだろう[*29]。次に、仮構された観念は、明晰かつ判然としていることはありえず、むしろ混然としたものであるほかない。また、あらゆる混然性は、精神がまとまりのあるもの、あるいは多くの要素から合成されているものを、ただ部分的にのみ認識し、そして知られているものを知られていないものから区別しないことに由来する。そのうえまた、混然性は、各々のもののうちに含まれている多くの要素に対して、精神がいかなる区別もなしに同時に注意を向けることにも由来する。[*30] 以上のことから帰結するのは、第一に、もし観念が何らかのもっとも単純なものについての観念であるなら、それは明晰かつ判然としたものでしかありえないだろう、ということである。というのも、そのようなものが部分的に認識されることはないはずであり、むしろ、全面的に認識されるか、それについて何も認識されないかのいずれかであるはずだろうから。[*31] 〔B64〕第二に帰結するのは、もし多くの要素から合成されているものが、もっとも単純なすべての部分に思考によって分割され、かつ、その各々に逐一注意が向けられるなら、そのときにはいっさいの混然性が消え去るだろう、ということである。第三に帰結するのは、仮構が単純なものではありえず、むしろ自然のうちに実在する様々なもの、ならびにはたらきについての多様で混然とした諸観念の合成から成り立っていること、より正確には、こうした多様な観念に対して、同意することなく一挙に注意を向けることから成り立っている[b]、ということである。というのも、もし〔仮構が〕単純であったとしたら、それは明晰かつ判然としたものだっただろうし、またその結果として真であっただろうから。もし〔仮構が〕判然とした諸観念の合成から成り立っていたとしたら、それらの合成もまた明晰かつ判然としたものだったろうし、またそのため真であっただろう。たとえば、私たちが円の本性を、そしてまた四角形の本性を知ったのちには、それ以降、私はこれら二つを合成することも、円を四角にすることもできないし、あるいは魂を四角にすること等々もできないのである。[*32] 〔B55〕あらためて手短に結論を示し、仮構が真の観念と混同される恐れなどまったくない次第を見てみよう。実際、私たちがまずはじめに論じた第一の仮構、すなわち、もの〔そのもの〕は明晰に概念されている場合の仮構にかんしては、明晰に概念されている当のもの、ならびにその実在がそれ自身によって永遠真理であるなら、そのようなものについて私たちは何も仮構しえないであろう、ということを見た。他方で、概念されるものの実在が永遠真理ではない場合、ものの実在をその本質に突き合わせ、また同時に自然の順序に注意を向けることにのみ専心すべきである。第二の仮構――自然のうちに実在する様々なもの、ならびにはたらきについての多様で混然とした諸観念に対して、同意することなく一挙に注意を向けることに存すると私たちが述べた仮構にかんしては、これまた同様に、もっとも単純なものは仮構されえず、むしろ知解されることができ、また合成されたものについても、それを合成しているもっとも単純な諸部分に注意が向けられさえすれば、事情は同様であることを見た。さらにそれら諸部分から出発するなら、私たちは真ならざるいかなるはたらきも仮構しえないことも確認した。というのも、私たちはそれと同時に、いかにして、そしてなぜそのような合成物が生じるのかを観想せずにはいないからである。

（b）　以下のことに十分注意されたい。仮構はそれ自身において見られるなら、次の点を除いて夢とたいして違わない。目覚めている人々には感官という手段によって諸々の原因が提供され、これらから出発して、彼らは現に思い描かれていることがらが、目下自らの外に位置するものどもに由来しているのではないと推断するのに対して、夢のなかでは〔こうした現状認識を可能にする〕諸原因が提供されないという点のみがことなるのである。そして、誤謬はといえば、すぐに明らかにされるように、目覚めながら夢を見ることである。そして、それがあまりに顕著な場合には、錯乱と呼ばれる〔訳注――［B66 = A40］参照。なお、「目を開きながら夢を見る」という表現が『エチカ』第三部定理二の備考の末尾、第三部定理二六の備考に見られる〕。

［B66 = A40］[*33]かくて以上のことが知解されたので、ここからは偽なる観念の考究に移り、それがいかなることがらにかかわるのか、ならびに、どのように用心すれば偽なる諸知得に陥らないようにすることができるのかを見ていこう。仮構された観念の検討を経た私たちには、いまやこれらのいずれについても何の困難もないはずである。というのも、仮構された観念と偽なる観念のあいだの相違は、もっぱら、後者が〔表象されていることがらに対する〕同意を条件として含んでいること、[*34]言いかえれば（すでに注で示したように[*35]）、表象されていることがらが〔同意を与える〕当人に[*36]提供されているあいだ、仮構を行っている場合にはそれらのことがらがそのひとの外部にあるものどもに由来していないと推断できる原因が〔偽なる観念をもつひとには〕まったく提供されないこと――これは目を開けたまま、言うならば目覚めていながら夢を見ているのとほとんどことならない――、これしかないから

である。そういうわけで、偽なる観念がかかわるのは、あるいは（より適切に言うなら）それが関係づけられるのは、仮構された観念と同様に、その本質が認識されているものの実在に対してか、あるいは本質にかんしてである。[B67] 実在に対して関係づけられる偽なる観念は、仮構と同じ仕方で改善される。実際、知られているものの本性が必然的実在を条件として含むのなら、そのものの実在にかんして私たちが誤るということは不可能であるし、他方でものの実在が永遠真理ではなく――その本質は永遠真理なのだが――、むしろ〔そのものが〕実在することの必然性あるいは不可能性が外的諸原因に拠っているのなら、その場合には仮構を話題にしたさいに私たちが述べたのとまったく同じやり方をとればよい。というのも、同じ仕方で改善されるからである。[*37] [B68] 諸々の本質に対して、あるいはそれに加えて、はたらきに対して関係づけられるもう一方の偽なる観念はどうかというと、こうした諸知得は自然のうちに実在するものどもについての多様で混然とした知得から合成され、必然的につねに混然としている。たとえば、人々が森や聖像、獣やその他のものどもに神性がやどっているとか、それらを合成するだけで知性が形成されるような諸物体が存するとか、死体が推論し、歩き、話をするとか、神が欺《あざむ》かれる、といった類いのことを信じ込むような場合がそうである。[*38] ところが、明晰かつ判然とした諸観念は決して偽ではありえない。というのも、明晰かつ判然と概念されるものどもについての観念は、もっとも単純なものであるか、あるいはもっとも単純な諸観念から合成される、言いかえれば、もっとも単純な諸観念から導出されるからである。そして、もっとも単純な観念が偽でありえないことは、真なるもの、言うならば知性とは何かを、そして同時に偽なるものとは何かを知りさえすれば、各人がそれを見てとることができるだろう[*39]。

［B69＝A41］というのも、真なるものの形相を構成するものに目を向けるなら、真なる思考が偽なる思考から区別されるのは、たんに外的な概念規定によるのではなく、とりわけても内的な概念規定による、ということは確実だからである[*40]。実際、誰か或る職人が何らかの作品を順序立てて概念した場合、そのような作品が決して実在していなかったとしても、またいつか実在するようになることもないとしても、それにもかかわらずその職人の思考は真であり、そしてこの思考は作品が実在しようと実在しまいと同一なのだから[*41]。それとは反対に、誰かが、たとえば「ペテロは実在する」と言い、とはいうもののペテロが実在することを知らない場合には、その思考は、ペテロが実際に実在するとしても、発話者の立場に身を置けば偽である、あるいは、こう言ったほうがよければ、真ではない。そして、「ペテロが実在する」というこの言明が真であるのは、ペテロが実在することを確実に知っている者の立場に身を置く場合のみである。［B70］ここから、観念のうちには、それによって真の観念が偽の観念から区別される事象的な或るものが存する、ということが帰結する。まさにこの点をこれから究明していく必要がある――真理の最上の規範を手にするためにも（というのも、すでに述べたように、私たちは自らの思考を与えられた真の観念の規範[*42]から出発して規

定しなければならないからだし、また方法とは反照的認識であるのだから）、そして知性の諸特質を知るためにも。また、この〔真の観念と偽なる観念の〕差異は、真なる思考がものどもをそれらの第一の諸原因によって認識することに由来する――確かに、先に説明したとおり[*43]、真なる思考はこの点において偽なる思考と大いにことなるのではあるが――と、このように言われてはならない。というのも、原因をもたず、またそれ自身によって、かつそれ自身において認識される或る原理[*44]の本質を対象という資格で含む思考もまた真と言われるからである。〔B71〕そういうわけで、真なる思考の形相は、他の諸々の思考への関係なしに、当の思考そのもののうちに所在していなければならない。また、〔この形相は、思考の〕対象を原因として認めることなく、むしろ知性の力能そのもの、ならびにその本性そのものに依拠していなければならない[*45]。というのも、もし私たちが、ものどもを創造する以前の神の知性を考える人々に倣って、〔私たちの〕知性が、それまで実在したことのなかった何らかの新たな存在者を知得し（このような知得は、もちろんいかなる対象にも由来しえなかった）、そしてそののち、このような知得から出発して他の諸知得を適切に導出する[*46]と想定するなら、これらの思考はすべて真であり、かつ、いかなる外的対象からも規定されず、むしろ知性の力能ならびに本性のみに依存することになろう。そういうわけで、真なる思考の形相を構成するものは、当の思考そのもののうちに求められるべきであり、また知性の本性から導出されなければならない[*47]。〔B72〕そこでこの点を究明するために、私たちは、その対象が私たちの思考する力に依拠しており、また自然のうちなる何らかの対象をもたないことをこのうえなく確実に知っている或る真の観念を目の前に据えてみよう。[*48] このような観念においては、以上に述べてきたすべてのことから明白であるように、私たちが求めているものをより容易に究明できるであろうから。例として私は、球の概念を形成するにあたって、随意にその原因を、すなわち半円がその中心のまわりを回転し、[*49] その回転から球がいわば生じると仮構する。[*50] この観念はまったくもって真であり、確かに私たちは自然においていかなる球もそのような仕方で生じたためしはなかったことを知ってはいるけれども、とはいえ、これは真なる知得であり、球の概念を形成するもっとも容易な仕方なのである。さて、ここで注意すべきは、この知得は半円が回転することを肯定しているが、しかしこの肯定は、それがもし球の概念に結合されず、あるいはそのような運動を規定する原因の概念に結合されていなければ、つまり一般的に言って、もしこの肯定だけがそれだけで存在するなら偽なるものとなるだろう、という点である。というのも、その場合、精神はもっぱら半円の運動だけを——半円の概念のうちに含まれてもいなければ、その運動を規定する原因の概念に由来するのでもない半円の運動だけを肯定しようとしていることになるからである。そういうわけで、虚偽は、たとえば半円にかんして運動あるいは静止が肯定される場合のように、或るものにかんして、私たちが当のものについて形成した概念のうちには含まれていない何ごとかが肯定されること、この一点にのみ存することになる。ここから、半円、運動、量、等々についての単純な観念のように、単純な思考が真でないことはありえないということが帰結する。これらの思考が含む肯定は、何であれ、それらのものについての概念と対等であり、[*51] それ以上にひろがることもない。そういうわけで、私たちは何ら誤謬を危惧することなく、随意に単純な諸観念を形成してかまわないのである。〔B73〕それゆえ、残された問いは、私たちの精神はいかなる力能によってそれらの観念を形成することができるのか、ならびに、その力能はどこまでおよぶのか、これだけである。実際、この点が突きとめられれば、私たちが到達しうる最高の認識[*52]を容易に見てとることになろう。もちろん、精神のこの力能が無限にまでおよばないことは確実である。というのも、私たちが或るものについて形成する概念のうちに含まれていない何ごとかを当のものにかんして肯定してしまうとき、このことは私たちの知得に欠落があることを、言いかえれば、私たちがいわば欠損し、かつ断片的な思考、言うならば観念を有していることを告げているのだから。実際、私たちが右に見たように、半円の運動だけがそれだけで精神のうちに在る場合にはそれは偽であるが、しかし他方で、もしそれが球の概念に、あるいはそのような運動を規定する何らかの原因の概念に結合されるなら、当の運動は真であるのだから。ところで、もし諸々の真なる思考、言うならば十全な思考を形成することが、一目で見てとられるとおり[*53]、思考する存在者の本性にぞくしているのなら、非十全な諸観念が私たちのうちに生じるのは、もっぱら私たちが或る思考する存在者の一部分であり、この存在者の有する諸々の思考のうちで、或るものは全面的に、また或るものはたんに部分的にのみ私たちの精神を構成することだけにもとづく、ということは確実である。[*54]

〔B74＝A42〕ところで、さらに考慮に入れておくべきことがら——仮構にかんしてはわざわざ注意するまでもなかったけれども、とはいえ、はなはだしい欺瞞のもとになることがらがある。それは、表象のうちにもたらされる何らかのことどもが知性のうちにも在る場合、言いかえれば、それらが明晰かつ判然と概念されてしまう場合には、判然としたものが混然としたものから区別されないかぎり、確実性すなわち真の観念が、判然としていない諸観念とまぜこぜになってしまう、ということである。たとえば、ストア派のうちの或る人々は、たまたま魂という名辞を、ならびにそれが不死であるということをもまた耳にしたが、もっぱら混然とした仕方でのみ、それらを表象していた。さらに、彼らは「きわめて微細な諸物体は他のあらゆる物体に浸透し、かついかなる物体によっても浸透されない」ということをもまた表象し、同時に知解してもいた。彼らはこの命題の確実性に結びつけながら、以上のすべてを同時に表象していたので、即座に、精神がそれらのきわめて微細な物体からなり、かつそれらの微細な物体は分割されない等々のことを確実なものとみなそうとした。[*56]〔B75〕けれども、はじめに述べたように、伝聞にもとづいて、あるいは行き当たりばったりの経験から手にする知得を警戒しつつ[*57]、与えられた真の観念の規範にのっとって私たちのすべての知得を吟味することに努めるかぎり[*58]、私たちはこのこと〔表象と知性の混同〕からもまた解放されるのである。さらに言えば、このような欺瞞は人々がものどもをあまりに抽象的に概念することに起因する。[*59]というのも、私が或る概念の真の対象について理解することを、それとは違うものに適用しえないということは、それ自体で十分明晰だからである。最後に、この欺瞞はまた、人々が自然全体の第一の諸要素を知解していないことにも起因する。そのうえで、彼らは順序を無視して進み、また自然を真であるとはいえ抽象的な諸命題〔公理〕と一緒くたに扱うことで、彼ら自身が混乱し、自然の順序を覆《くつがえ》してしまうことになるのである。他方、私たちとしては、できるだけ抽象的に進むことのないようにし、また第一の諸要素から、言いかえれば自然の源泉と根源から、なしうるかぎり早くはじめるなら、決してこのような欺瞞を危惧するにはおよばないであろう。[*60]〔B76〕ところで、自然の根源の認識についていえば、それを抽象的なものと一緒くたにしてしまうのではないかと恐れる必要はまったくない。というのも、〔まず〕或るものが抽象的に概念される場合には、そうした概念は、すべての普遍概念がそうであるように、つねにその概念の対象となる個々のものどもが実際に自然において実在しえている範囲を超えて知性においてとらえられる。次に、自然のうちには、ほとんどつねに知性によって見落とされてしまうほどのわずかな差異しかもたない多くのものが存するので、こうした条件下では容易に（それらが抽象的に概念される場合には）私たちがそれらを一緒くたにしてしまうということが起こりうる。[*61]ところが、のちにみるように、自然の根源は抽象的に、言うならば普遍的に概念されることはありえないし、また知性においてその実際のありようを超えて拡張されることもありえず、さらに変化するものどもといかなる類似点ももたないので、その観念にかんしては、私たちが真理の規範（これはすでに示した）を手にしてさえいれば、まったく混乱を危惧する必要はないからである。この存在者こそ、まさしく唯一で無限である。[z] すなわち、存在するもののすべてであり、[a] その外にはいかなる存在も与えられない。

（z）これらは神の本質を示す神の属性ではない――この点は「哲学」のなかで示すであろう〔訳注――カーリーは、この注で扱われるトピックは『エチカ』ではなく『短論文』（第一部第二～七章）で取り上げられるとしたうえで、『知性改善論』でしばしば言及される「哲学」や「私の哲学」が『エチカ』よりもむしろ『短論文』を指すと言う（Spinoza 1985, p. 34）。しかし、たとえば『エチカ』第一部定理一四系一で、神は「唯一」であり、絶対的に「無限」であると言われたのち、同定理系二では「延長したもの」と「思考するもの」が「神の属性」と言われており、周知のように『エチカ』では唯一性や無限性ではなく、思考と延長こそが神の属性となる〕。

（a）このことは、すでに右で証明された。というのも、もしこのような存在者が実在していなかったとすれば、それが産出されることは決してなかったということになろう。そして、そのため、精神は自然が提供しうるよりも多くを知解しうることになっていただろう。しかし、これが偽であることは、右で確かめられた〔訳注――畠中はこの注の内容が「スピノザが『短論文』一部一章において用いたところの、いわゆるアポステリオリの証明に外ならない」と言うが（スピ

ノザ 一九六八、九九頁）、ミシェル・ベイサッドは、この注の位置もその内容の意義も「不確か」だと言う（Spinoza 2009, p. 151, n. 118）。また、ルッセの言うとおり、この注はＮＳでは他の注とは違う記号で記されており、そこからルッセは、この注が他の注と並ぶものではなく、手稿の余白への書き込みではないかと推測している（Spinoza 1992, pp. 337, 340）。訳者としては、ベイサッドと同様、この注の位置と意義に疑念を抱いており、ルッセの指摘も踏まえて、このテクストは他と切り離して考えるべきではないかと思う。この措置には、実はもうひとつの利点がある。原注（z）と（a）の直前の注は、［B64］に付された原注（b）（二巡目のアルファベット）であるが、この原注（a）を排除し、原注（z）に「c」のアルファベットを振れば、次の原注（d）（［B83］に付されている）にうまい具合につながる。とはいえ、これにはＯＰでは［B78］に付されている原注（b）をＮＳに倣って本文に繰り入れるというもうひとつの条件があるが、この点については後注参照〕。

［B77 = A43］[*62]ここまでは偽なる観念について見てきた。私たちに残されているのは、疑わしい観念について問うこと、すなわち、いったいどのようなものが私たちを疑いのうちに引きずり込みうるのか、また同時に、いかにして疑いは取り去られるのかを吟味することである。私が語っているのは、精神における真正な疑いにかんすることであって、誰かが心では疑っていないにもかかわらず、「自分は疑っている」と口先だけで言うような場合にしばしば見られる疑いではない[*63]。このような疑いを改善するのは方法の務めではなく、むしろ強情

の研究とその改善にぞくするからである。〔B78〕さて、魂のうちには、疑われていることがらそれ自体〔のみ〕に由来するような、いかなる疑いも存しない。言いかえれば、もし魂のうちにただひとつの観念しかないのなら、それが真であろうと偽であろうと、いかなる疑いも存しないし、さらには確実性もまた存せず、もっぱらあれこれの感得のみが存することになるだろう。観念それ自体は、あれこれの感得以外の何ものでもないからである。[*64] 疑いが与えられることになるのは、むしろ別の観念——疑われていることがらにかんして、私たちが何か確実なことを結論づけることができるほど明晰かつ判然たるものではない別の観念を介してである。言いかえれば、私たちを疑いに投げ入れる観念は、明晰かつ判然としたものではない。たとえば、もし或るひとが、経験をもとにしてであれ、他の何らかの仕方によってであれ、諸感官のもたらす過誤について一度も思考したことがないなら、そのひとは太陽が現に見えているよりも〔実際は〕大きいのではないか、あるいは小さいのではないかと疑うことは決してないだろう。[*65] そういうわけで、田舎者たちは太陽が〔実際は〕地球よりもはるかに大きいと聞くと誰彼なく驚くのだが、とはいえ疑いは諸感官のもたらす過誤について思考することによってこそ生じるのである。つまり、〔疑いをもつ〕ひとは、諸感官がときおり彼を欺《あざむ》いたことを知る。しかし、このことをもっぱら混然とした仕方でのみ知るにすぎない。[*66] そのひとは、いかにして諸感官が過誤をもたらすのかを知らないからである。そして、或るひとが疑いをもったあとで、諸感官についての真の認識を得て、また遠くに離れたものどもが諸感官という手立てを介していかに現れてくるかを認識するなら、疑いはあらためて取り去られることになる。〔B79〕ここから帰結するのは、このうえなく確実なことがらにおいてさえ私たちに過誤を犯させる何らかの欺く神がひょっとすると実在するかもしれないという口実のもとで、真の諸観念を疑いうるのは、私たちが〔神についての〕[*67]明晰かつ判然とした観念を何らもたないあいだにかぎるということである。すなわちそれは、私たちがすべてのものどもの根源について有する認識に注意を向けるとき、神は欺くものではないということを、私たちが三角形の本性に注目する場合にその三つの角が二直角に等しいことを見出すのと同じ認識によって私たちに教える何ものをも見出さない場合にかぎる、ということである。ところが、私たちが三角形についてもつような認識を神について有するなら、その場合にはあらゆる疑いが取り去られる。そして、たとえ何らかの至高の欺き手が私たちに過誤を犯させるかどうかを確実には知らないとしても、三角形についての右のような認識に到達できるのとまったく同様に、私たちは、誰か至高の欺き手が存するかどうかを確実には知らなくとも、神についての右のような認識にもまた到達できるのであって、まさにこの認識を手にしさえすれば、いま述べたように、私たちが明晰かつ判然たる諸観念について有しうる疑いのいっさいを取り去るのに十分なのである。[*68]〔B80〕加えて、もし或るひとが、先立って探究されるべきことどもを探究することによって、ものどもの連鎖が何ら断ち切られないようにしつつ正しくまっすぐに進んでいき、かつ、諸問題を解くことによって認識することに取りかかるまえにそれらの問題をいかに定式化すべきかを知るなら、そのひとはきわめて確実な諸観念、すなわち明晰かつ判然とした諸観念以外の何ものも手にしないであろう[*69]。というのも、疑いとはあることがらにかんする肯定[*70]または否定をめぐって心が宙づりになっている状態にほかならないが、その肯定または否定は、それを知らなければそのことがらについての認識が不完全なものにならざるをえない何かが見出されなかったとしたら、なされていただろうから。ここから、疑いはつねにものどもが順序を踏まえずに探究されることに起因する、と結論づけられる。

[B81 = A44] 以上の諸点が[*71]、方法のこの第一部において私が叙述すると予告したことである。とはいえ、知性とその諸力の認識に役立ちうることを何ら言い落とすことのないように[*72]、記憶と忘却についてもまたわずかばかり述べておこう。この点にかんして、とりわけ考慮に入れなければならないのは、記憶は知性の助力によって強化されるが、知性の助力がなくてもなお強化されるということである。というのも、最初の場合について言えば、或ることがらが知解可能であればあるだけ、それだけ容易に記憶にとどめられ、反対に知解されにくければ、それだけ容易に私たちはそのことがらを忘れるからである。たとえば、私が或るひとに多くのことばを脈絡もなく述べ伝える場合には、同じことばを物語のかたちにして伝える場合よりも、そのひとがそのことばを記憶にとどめるのははるかに困難になるだろう。

[B82]〔他方で記憶が〕知性の助力がなくてもなお強化されるというのは、すなわち、表象

あるいはいわゆる共通感覚[*73]が、何らかの個々の物体的なものによって触発されて受けとる力によって強化される場合である。「個々の」と言うのは、表象がもっぱら個別的なものどもによってのみ触発されるからである。実際、もし誰かが、たとえば恋愛戯曲をただ一作品だけ読むとして、それをもっともよく記憶にとどめることになるのは、同種の他の多くの作品を読まないうちであろう。というのも、その場合、ただひとつの作品のみが表象において生彩を放っているからである。他方で、同種の多くの作品が〔表象のうちに〕在る場合には、私たちはそのすべてを同時に表象し、もってそれらすべてが容易に一緒くたにされてしまう。また、「物体的」と言うのは、まさに諸物体によってのみ表象は触発されるからである。かくて記憶は知性によっても強化されるし、知性抜きでもまた強化されるので、ここから、記憶が知性とはことなる何かであること、そしてそれ自身において考察された知性にかんしては、いかなる記憶もまた忘却も存しないことが結論される。〔B83〕それでは、記憶とは何であることになるのか。それは、脳の諸々の刻印を感得すること、しかもその感得が一定の限定された持続をもつ[d]という思考を同時にともなったものにほかならない。想起もまた〔対照的に〕このことを証しする。というのも、想起の場合には、魂は〔確かに〕その感得について思考するが、しかしまとまりのある持続の尺度のもとでそうするのではなく、かくてこの感得についての観念は、感得の持続そのもの、すなわち記憶そのものではないのだから。[*74]ところで、諸観念そのものが何らかの風化を被るのかどうかという点にかんしては、哲学において見ることになろう。[*75] そして、もしこのことが誰かにとってきわめて突飛なことに思われるにせよ、私たちの議論にとっては、先ほど引き合いに出したばかりの演劇の例から明らかなように、ものがより個別的であればあるほど、それだけいっそう容易に記憶にとどめられるということを考えてもらうだけで十分であろう。加えて〔先に見たように〕、ものがより知解可能であればあるだけ、これまたいっそう容易に記憶にとどめられる。以上のことから、このうえなく個別的で、かつもっぱら知解可能であるものを私たちが記憶にとどめないということはありえないであろう。

（d）もし反対に持続が限定されていないのなら、当のことがらについての記憶は不完全であるが、これは各人もまた自然から学びとっていることだと思われる。しばしば私たちは、或るひとに対して、そのひとが語ることについてよりいっそうの信頼を寄せるために、それがいつどこで起こったのかを確認するからである。諸観念そのものもまた精神においてそれ自身の持続を有するとはいえ、しかし私たちは何らかの運動の尺度という助力を借りて持続を限定する習慣をもっているし、これは表象の助力を借りることによってもなされるので、私たちはこれまでのところ純粋精神にぞくする何らかの記憶も認めていない〔訳注――「運動の尺度という助力を借りて」という点について、ルッセは時間が「より先・より後」にもとづく運動の数であるというアリストテレスの定義が取り上げられているという（Spinoza 1992, p. 358）。アリストテレスの時間の定義については、『自然学』第四巻第一一章（二一九b一）、アリストテレス二〇一七、二二四頁を参照。また、デカルトは、脳の刻印としての記憶のほかに、知性的な記憶についても語っている。「〔…〕身体に依存するこの記憶のほかに、私はさらにもうひとつ別の記憶、全面的に知性的で、魂にのみ依存する記憶を認めています」（一六四〇年四月一日付のメルセンヌ宛書簡。AT-III, 48 =デカルト 二〇一六、五一頁。訳文を変更）。しかし、デカルトによれば、「この知性的な記憶は、個別的なものどもよりむしろ、はるかに普遍的なものどもにかかわり、かくてこの記憶によっては、私たちは自分たちがなしてきた個々のことがらのすべてを想起することはできない」（「ビュルマンとの対話」。AT-V150 =デカルト 一九九三b、三四五頁。訳文を変更）」。

[B84 = A45] 以上を要するに、私たちは真の観念とその他の諸知得を区別し、また仮構された観念、偽なる観念およびその他の諸観念の起源が、表象のはたらき、すなわち（言ってみれば[76]）たまさかで、かつ脈絡を欠いた一種の諸感得——精神の力能そのものに由来するのではなく、身体が或るときには夢見ながら、また或るときには目覚めながら様々な運動を受容するにつれて、外的諸原因に由来する諸感得に存することを示した。[77] あるいは、もしこのほうがよければ、ここで表象のはたらきということで、それが知性とはことなる何かであり、かつそのため魂が受動のあり方をとっていさえすれば、何であれお望みのものに解してもらってかまわない。というのも、表象のはたらきが行き当たりばったりの何かであり、[78] そして表象によって魂がはたらきを被ることを知り、同時にまた私たちが知性の助けを借りて

それから解放される様式を知ったあかつきには、それを何と解そうが事態は変わらないからである。[*79] また、同じ理由により、ここで私が、身体が存することやその他の必要なことどもをいまだ立証していないにもかかわらず、表象や身体、ならびにその機構について語っていることを、誰も意外とは思わないのではないだろうか。つまり、いま述べたように、表象が行き当たりばったりの何かであること等々を私が知ったあかつきには、それをどう解そうと事態は同じなのだから。

[B85 = A46] ところが、私たちは、真の観念が単純であること、あるいは単純な諸観念から合成されていること、ならびにそれが、いかにして、そしてなぜ或るものが存在するのか、あるいは形成されたのかを見てとらせることを示し、さらに、その対象的諸結果が魂においてその対象の形相性と相応して進むことを示した。[*80] この点は、古代の人々が語っていたこと、すなわち真の学知は原因から結果に進むというのと同じである[*81]——ただし、私の知るかぎり、彼らはここでの私たちのように、魂を一定の法則に従ってはたらきをなすものとして、またいわば一種の精神的自動機械[*82]として考えることが決してなかったという点は除くけれども。[B86] 以上、手はじめとしてなしえたかぎりで、私たちは自らの知性にかんする知見を得たし、また真の観念の規範を獲得したことで、もはや真なるものと偽なるもの、あるいは仮構されたものを混同する恐れがなくなった。また、私たちは、どのような仕方によっても表象のはたらきのもとにとらえられることのないものごとを私たちが知解するのはなぜ

か、そして表象のうちに在るものどものうち、或るものがなぜ知性と完全に矛盾するのか、そして最後にまた或るものがなぜ知性と合致するのかを自問することもないだろう。なぜなら、私たちは、諸々の表象が産出される、右に見た様々なはたらき[*83]が、知性の諸法則とはまったくことなる別の諸法則に従って生じること、ならびに魂が表象にかんしてはもっぱらはたらきを被るというあり方のみを有することを知ったからである。[B87] なお、この点にもとづいて、表象のはたらきと知性のはたらきを入念に区別することのなかった人々が、どれほど容易に重大な誤謬に陥りうるか、という点もまた確証される。それらの誤謬というのは、たとえば、延長は或る場所のうちに存しなければならないとか、その諸部分が相互に事象的に区別されるような延長は有限でなければならない[*84]とか、延長はすべてのものの第一かつ唯一の基礎であるとか、またそれは或る時間には他の時間におけるよりも大きな空間を占めるとか、さらにこうした類いの他の多くのことであるが、それらすべては、私たちが適当な場所で示すだろうように、完全に真理に矛盾するのである[*85]。

[B88 = A47] 加えて、ことばは表象の一部をなすから、言いかえれば、身体の任意の状態から出発して、ことばが記憶において行き当たりばったりに組み合わせられるのに応じて[*86]、私たちは多くの概念を仮構するから、しかるべき十分な警戒を欠いてしまう場合には、ことばもまた表象と同様に多くの重大な誤謬の原因でありうることは疑いない。[B89] さらに言えば、ことばは民衆の理解力に合わせて随意に構成されており、そのためそれは知性のうち

に在るかぎりでのものではなく、表象のうちに在るかぎりでのものども記号以外のものではない[*87]。この点は、民衆が、もっぱら知性のうちにのみ在り、かつ表象のうちにはないすべてのものに対して、しばしば、たとえば「非物体的なもの」、「無限なもの」等々と否定的な名称を与えたこと、そしてまた実際には肯定的である多くのものを、たとえば「創造されざるもの」、「依存せざるもの」、「無限なもの」、「不死なるもの」等々と否定的に表現したり、またその逆のことをしたりすることから明瞭に見てとられる。というのも、確かに私たちはこれらの例とは反対のことのほうをこそ、はるかに容易に表象するからであり、そしてそのため、そちらのほうがまずはじめに最初の人間たちの目にとまり、肯定的な名称を奪い取ってしまったからである。私たちは多くのものを肯定し、否定するが、それはことばの本性がそれを肯定することも否定することも許すがゆえなのであって、ものどもの本性ゆえではない。そして、それゆえ、ものどもの本性を知らなければ、私たちは容易に偽なる或るものを真なるものとみなしてしまうだろう[*88]。

[B90 = A48] 私たちは、そのうえ、混乱をもたらし、また知性が自らを反照するのをさまたげる別の重大な原因を回避する。じつに私たちが表象のはたらきと知性のはたらきを区別しない場合には、私たちは、より容易に表象されるものを私たちによってより明晰なものとみなし、そして私たちが表象しているものを知解していると思い込んでしまう。これを受けて私たちは、後におかれるべきものを先においてしまい、かくて〔探究を〕先に進める順序

がひっくり返されることになるし、また或るものが正当に結論づけられることもなくなってしまうのである。

〔方法の第二部――定義および導出〕

［B91＝A49］さて、[*1]ついにこの方法の第二部に達するにあたり、[(e)]私はまずこの方法における私たちのねらいを、次いでそこに到達するための諸手段を提示しよう。ねらいとは、つまり明晰かつ判然たる諸観念を、すなわちお分かりのように身体のたまさかの運動からではなく、[*2]純粋な精神にもとづいて形成される諸観念を手にすることである。次いで、すべての観念をひとつのものに立ち返らせるために、私たちは自らの精神が自然の全体にかんしても、またその部分にかんしても、なしうるかぎりその形相性を対象的に反映するという仕方で、[*3]すべての観念を連結し、かつ順序づけることに努めるだろう。

（e）この部の主要な規則は、第一部から帰結するとおり、私たちのうちに見出される純粋知性にもとづくすべての観念を順次吟味し、もってそれらが、私たちが表象する諸観念から区別されるようにすることである。そして、このことは表象のはたらきと知性のはたらきそれぞれの諸特性から引き出されるべきであろう〔訳注――この注について、ジョアキムは「この脚注は、方法論において（すなわち彼の哲学体系の提示以前に）「知性の定義を発見すること」（〔B106 = A61〕、〔B107〕参照）が不可能であることに気づいたとき、またそれゆえこの論の第二部を書き直すことを決断したときに加えられたものに違いない」と述べる（Joachim 1940 (1958), p. 198, n. 2）。ルッセもまた、この注が「しばし時間が経ってから、〔『知性改善論』の〕テクストの再読のさいに付け加えられた注意」ではないかと推定している（Spinoza 1992, p. 378)」。

〔B92 = A50〕第一の点にかんしては、すでに叙述されたように[*4]、私たちの究極目的のために求められるのは、ものどもをその本質のみによって、あるいはその最近原因によって概念することである。もちろん、ものがそれ自身で存在している、言うならば人々が言うように自己原因であるなら[*5]、その場合〔そのものは〕もっぱらその本質のみによって知解されるはずであろう。他方で、ものがそれ自身で存在するのではなく、実在するのに原因を要するなら、その場合、その最近原因によって知解されなければならない。というのも、実際のところ、結果を認識することは原因についてのより完全な認識を獲得すること以外の何ものでもないからである[f]。〔B93〕以上を踏まえれば、私たちがものどもの探究を遂行している最中には、抽象的なものから何ごとかを結論づけることは決して許されないだろうし、またたんに知性のうちにのみ在るものごとを、もののうちに在るものごととまぜこぜにしてしまわないように細心の注意を払うことになろう。しかるに、最上の結論はといえば、それは或る肯定的特殊的本質から、言うならば真でかつ正当な定義から引き出されるべきであろう。というのも、普遍的な公理[*6]のみから出発することによっては、知性は個別的なものに深く立ち入ることができないからである。実際、公理は無限に多くのものにかかわり、また知性をして或る個別的なものよりもむしろ別の個別的なものを観想すべく規定することがないのだから。

[B94] そういうわけで、〔何ごとかを〕発見するための正しい途は、或る定義を与えることから出発して、諸々の思考を形成することである。これは、私たちが或るものをよりよく定義すれば、それだけより効果的に、かつより容易に進捗することになろう。それゆえ、この方法の第二部全体のかなめは、もっぱら次の点にのみ、すなわち、よい定義の諸条件を認識すること、次いでそれら[*7]を発見する様式に存する。そこで、まずは定義の諸条件について論じよう[*8]。

（f） ここから明らかなように、私たちが自然について正当に知解することができるのは、同時に第一原因、言うならば神の認識をより詳細なものにするかぎりにおいてであることに注意されたい〔訳注――NSを典拠とするミニーニの校訂に従い、「正当に（legitime）」という副詞を入れて読む〕。

[B95 = A51] 定義[*9]は、それが完全であると言われるためには、もののもっとも内的な本質

を説明しなければならないであろうし、本質のあるべきところに何らかの固有性を置きかえて用いてしまうことのないように用心すべきであろう。[*10] この点を説明するにあたって、他の人々の誤謬を暴き立てようとしていると見られかねない例は脇に置くとして、私はただ、どのような仕方で定義されようと大差のない、或る抽象的なものの例だけを挙げよう。円の例である。円にかんして、もしそれがその中心から円周に引かれた諸線の等しい或る図形であると定義されるとすれば、このような定義がいささかも円の本質を説明せず、むしろもっぱら円の何らかの特質を説明するだけであることを誰もが見てとる。[*11] また、以上の点は、いま述べたように、諸々の図形やその他の理屈上の存在者にかんしてはさして問題にならないけれども、しかし自然的で事象的な存在者にかんしては大いに関係がある。まさにものの特質は、その本質が知られないかぎり知解されることがないからである。[*12] そこで、私たちがこれらの本質を度外視してしまうと、自然の連結を反映すべき知性の連結を必然的にひっくり返してしまうことになり、さらに私たちのねらいからすっかり遠ざかってしまうことになるだろう。［B96］そういうわけで、私たちがこの難点から解き放たれるには、定義にさいして以下の諸点に留意すべきであろう。

［A52］Ⅰ　もし〔定義されるべき〕ものが創造されたものであるなら、その定義はすでに述べたように最近原因を含まなければならないであろう。[*13] たとえば、円は、この法則に従えば、次のように定義されるべきだろう。「円とは、その一方の端点が固定され、他方の端点

が可動である任意の線分をもとに描かれる図形である」[*14]と。この定義は、明晰に最近原因を含んでいる。

［A53］Ⅱ　ものの概念、言うならば定義は、そのものが他のものどもと結びつけられることなく単独で考慮されるかぎり、当のもののすべての特質がその定義から結論されうるものであることを求められる。これは右の円の定義において見てとれることである。というのも、その定義から、〔円の〕中心から円周に引かれた線分〔の長さ〕が等しいということが明晰に結論づけられるからである。そして、この点が定義の必要要件であることは注意深く検討するひとにとってはそれ自体であまりに明白なので、この点を証明するのに時間をかけることも、またこの第二の要件から出発して、〔Ⅲ〕すべての定義が肯定的なものでなければならないことを示すことも、わざわざ行うに値するとは思われないほどである。私が語っているのは、知性のうえでの肯定であって、肯定のかたちで知解されているにもかかわらず、ことばの乏しさゆえに場合によっては否定のかたちで表現されることもあるかもしれないことば上のことは、ほとんど気にとめていない。

［B97＝A54］他方、創造されざるものの定義の諸要件は次のものである。

［A55］Ⅰ　〔定義は〕あらゆる原因を排除すること、すなわち〔定義の〕対象が説明されるにさいして、その対象自身の存在以外の何ものをも必要としないこと。

Ⅱ　そのものの定義が与えられたとき、「それは存在するのか」という問いの余地をいっさい残さないこと。
Ⅲ　その精神にかんしては、[15]形容詞としてとられうるいかなる実詞ももたないこと、すなわち何らかの抽象的表現によって説明されないこと。[16]
Ⅳ　そして、最後に（この点を注意することはそれほど必要ではないのだが）、その定義から出発して、当のもののすべての特質が結論づけられることが求められる。以上のすべての点もまた、細心の注意を払って検討するひとには明白なものとなる。
[B98 = A56] 私はまた、先に最上の結論は或る肯定的特殊的本質から引き出されるべきであろうと述べていた。[17] それというのも、観念はより特種的であればあるだけ、それだけいっそう判然としたものであり、それゆえより明晰だからである。[18] 以上から、私たちは個別的なものどもの認識をこそ、なしうるかぎり追求すべきであることになる。
[B99 = A57] さて、[19] 他方、順序にかんして言えば、私たちのすべての知得が順序づけられ、かつひとつにまとめられるために求められるのは、なしうるかぎり早く、また理性が要求するところに従って、すべてのものの原因であり、そのためまたその対象的本質が私たちのすべての観念の原因である何らかの存在者が存するかどうか、それと同時にその存在者がいかなるものであるかを探究することである。そうすれば、私たちの精神は、すでに述べたように、[20] 最大限に自然を反映することになるだろう。というのも、そのとき私たちの精神は、自然の本質と順序および合一性を対象という資格で手にすることになろうから。ここか

ら見てとることができるのは次のことである。何よりもまず私たちに必要なのは、つねに自然的なものどもから、言うならば事象的な存在者から出発して、なしうるかぎり諸原因の系列にそくして、或る事象的存在者から他の事象的存在者へと進みつつ私たちのすべての観念を導出すること、しかも、抽象的なものならびに普遍的なものに歩みをそらしてしまうことなしに、すなわち、それらのものから事象的な何かを結論づけることも、あるいは、それらのものを事象的な何かから結論づけてしまうこともなく導出すること、これである。というのも、このいずれの場合であっても、知性の真なる進行は途切れてしまうからである。〔B100〕しかし、注意してもらいたいのは、私がここで原因の系列[21]、ならびに事象的な存在者の系列によって知解しているのは、変化する個別的なものどもの系列ではなく、ひとえに確固として永遠なるものども[22]の系列にほかならない、ということである。というのも、変化する個別的なものどもの系列をこと細かに把握するのは、人間の非力さ[23]にとって不可能なことであろうから——それというのは、一方で、それらのものどもがあらゆる数という数を超過するほど多数存在するためであり、他方で、とりわけひとつの同じものにおいてさえ無限に多くの付随的状況[24]があり、その各々の状況が当のものが実在すること、あるいは実在しないことの原因でありうるためである。なぜなら、これらのものの実在は、当のものの本質といかなる連関も有していないから、言うならば（すでに述べたように[25]）永遠真理ではないからである。〔B101〕ところが、実際には、それら〔変化する個別的なもの〕の系列を知解することは必要ですらない。なぜなら、変化する個別的なものの本質は、それらの系列、言うならばそれらが実在に至る順序[*26]から引き出されるべくもないからである。この順序が私たちに提供するのは、外的な概念規定、関係、あるいはせいぜいのところ付随的状況といったもの以外ではなく、これらはすべてものどものもっとも内的な本質と大いにかけ離れているのだから。むしろ、この本質は、もっぱら確固として永遠なるものどもから、と同時に、いわば諸々の法がその真の法典のうちに書き込まれているように、これらのものどものうちに刻み込まれている諸法則――それらに従ってすべての個別的なものが生じ、かつ順序づけられる諸法則のみから求められるべきである。より正確に言えば、これらの変化する個別的なものは、そうした確固としたものなしには、在ることも概念されることもできないほど、それほど内的に、また（いわば）本質的に[*27]それらのものに依拠しているのである。以上のことから、こうした確固として永遠なるものどもは、たとえそれらが個別的であろうとも、それにもかかわらず、それらが至るところに現存し、またきわめて広汎な力能を有するがゆえに、私たちにとってみれば、いわば普遍概念のようなもの、すなわち変化する個別的なものどもの定義の類のようなもの[*28]、およびあらゆるものの最近原因であることになる。

[B102 = A58] ところが、事情はかくのごとくであるとはいえ、私たちがこれらの個別的なものどもの認識に達しうるためには、相当な困難が伏在しているように思われる。というのも、すべてのものを同時に概念することは、人間知性の力というものをはるかに超えることが

らだからである。他方、或るものが他のものに先立って知解される順序はどうかといえば、すでに述べたように[*29]、それは個別的なものどもが実在に至る系列から出発して求められるべきではないが、しかしまた永遠なるものどもから求められるべきでもない。後者にあっては、これら〔個別的なものの〕すべてが本性上、同時に存在するからである。以上のことから、私たちが永遠なるものども、ならびにその諸法則を知解するために用いるのとは別の諸々の補助手段が必然的に求められるべきであることになる。とはいえ、これらについて叙述することはこの場にはふさわしくないし、また私たちが永遠なるものとそれらの必定の諸法則についての十分な認識を獲得し、そして私たちの感官の本性が私たちに知られるようになったあとでなければ、必要なことですらない。

[B103 = A59] 個別的なものどもの認識に取りかかるまえに次のような諸々の補助手段について論じるのは、時宜にかなうことであろう。それら補助手段のすべては、私たちが自らの諸感官を用いるすべを知り、また探究されているものを規定するのに十分な実験を一定の法則にもとづき、かつ順序立てて行うすべを知り、かくて最終的にそれらの実験から、当のものが永遠なるもののいかなる法則に従って生じたのかを結論づけ、当のもののもっとも内的な本性が私たちに知られるようになることをねらうものである。こうしたことは適当な場所で示すことにしたい[*30]。ここでは、私たちの主題に立ち返ることにして、私たちが永遠なるものどもの認識に至ることができるために、およびそれらの定義を先に述べておいた諸条件に

もとづいて形成するために必要と思われることのみを論じることに努めよう。[31]

［B104 = A60］ これがなされるためには、先に私たちが述べたこと[32]を記憶に呼び戻すべきである。すなわち、精神が或る思考に注意を向け、もってそれを入念に吟味し、かつそれから出発して、正当に導出されるべきことどもを適切な順序で導出する場合には、かりにその思考が偽であろうものなら、精神はそれが偽であることを暴き出すだろうし、反対にもし真であるなら、何らの中断もなく首尾よく真なる[33]ものどもをその思考から導出し続けるだろう、ということである。これこそが、繰り返すが、私たちの関心事に求められることなのである。というのも、これ以外のいかなる基礎にもとづいても、私たちの思考は規定されえないからである。[34] ［B105］ それゆえ、もし私たちがすべてのうちで第一のものを探究しようと欲するなら、私たちの諸々の思考をそこに導くことになる何らかの基礎が存しなければならない。次いで、方法とは反照的認識そのものなのだから、私たちの思考を導くべきこの基礎とは、真理の形相を構成するものについての認識、ならびに知性およびその諸特質と諸力の認識以外の何ものでもありえない。というのも、この認識が獲得されるなら、私たちはそれに依拠して私たちの思考を導出する基礎を手にするだろうし、またそこを通って知性がその能力の許すかぎり永遠なるものども[35]の認識へと——なるほど知性の諸力に比してのことではあるが——至りうる途[36]を手にするだろう。

［B106 = A61］ ところで、もし第一部で示されたように[37]、思考の本性に真の諸観念を形成す

ることがぞくしているのなら、ここでこれから探究されるべきなのは、知性の諸力および力能ということによって私たちは何を知解するのか、ということである。じつに私たちの方法の主要な部分は、知性の諸力およびその本性を最上の仕方で知解することなのだから、私たちは必然的に（私が方法のこの第二部において叙述したことがらにより）それらを思考および知性の定義そのものから出発して導出すべきであることになる。〔B107〕しかし、私たちはここまで、諸々の定義を案出するいかなる規則も手にしなかったし、また知性の本性、言うならば定義、およびその力能が認識されたうえでなければ、それらの規則を与えることもできないのだから、ここから、知性の定義はそれ自身によって明晰でなければならないか、あるいは、私たちは何も知解することができないかのいずれかであることが帰結する。ところが、知性の定義は、それ自体で無条件に明晰であるわけではない。しかしながら、知性の諸特質が明晰かつ判然と知得されうるのは、私たちが知性にもとづいて手にするすべてのものと同様、それらの本性[*38]が認識される場合なのだから、それゆえ知性の定義は、私たちが明晰かつ判然と知得する知性の諸特質に注意が向けられるなら、それ自体で知られるようになるはずである。そこで、知性の諸特質をここに列挙し、そしてそれらを入念に吟味し、もって私たちに生来そなわった諸道具[g]について論じることに着手しよう。

（g）〔[B30 = A26] 以降〕を参照〔訳注——OPではOPの頁づけで参照指示がなされている。

この注はＮＳにはない。「生来そなわった諸道具」という表現については、［B31］、［B32］、［B39］参照〕。

［B108＝A62］私がとりわけて注目してきたもので、かつ明晰に知解している知性の諸特質は、以下のものである。

［A63］Ⅰ　知性は確実性を含み込む、言いかえれば、知性はものが知性のうちに対象という資格で含まれているとおりに形相的に在ることを知る。

［A64］Ⅱ　知性は一定のものどもを知得する、言うならば、一定の諸観念を無条件に形成し、一定の諸観念は他の諸観念にもとづいて形成する。すなわち、量の観念を無条件に形成し、そのさい他の思考に注意を向けることはないが、他方、運動についての諸観念を形成するのは、量の観念に注意を向けることによってのみである。

［A65］Ⅲ　知性が無条件に形成する諸観念は無限を表現する。反対に、限定された諸観念について言えば、知性はそれらを他の諸観念にもとづいて形成する。というのも、量の観念について、知性がそれを原因を介することで知得する場合には、知性が量を限定していることになるからであるが[*39]、それはたとえば任意の面の運動から立体が、また線の運動から面が、最後に点の運動から線が生じるのを知性が知得する場合である。こうした知得は、確かに量を知解することに役立つことはなく、むしろもっぱら量を限定することにのみ役立つ。

この点は以下の理由から明らかである。というのも、私たちはこうしたことが運動から生じるかのように概念しているが、これに対して、しかし運動〔そのもの〕は量が知得されるのでなければ知得されず、さらにまた私たちは線を形成するために運動をかぎりなく引き延ばすこともできるが、私たちはこれを、もし無限な量の観念をもっていなかったとしたらまったくなしえなかったであろうから。

［A66］Ⅳ　知性は肯定的な諸観念を否定的な諸観念より先に形成する。*40

［A67］Ⅴ　知性はものどもを持続のもとでよりも、むしろ或る永遠の相のもとで知得し、かつ無限の数において知得する。*41 より正確に言えば、知性はものどもを知得するさいに、数にも持続にも注意を向けない。他方で、知性がものどもを表象の助けを借りて把握する場合には、*42 知性はそれらを一定の数、限定された持続および量のもとで知得する。

［A68］Ⅵ　私たちが明晰かつ判然たるものとして形成する諸観念については、それらが私たちの力能のみに無条件に拠っていると思われるほど、私たちの本性の必然性のみにもとづいて帰結するように思われる。他方で、混然とした諸観念については、事態はその反対となる。というのも、そうした観念はしばしば私たちの意に反して形成されるからである。

［A69］Ⅶ　ものについて知性が他の諸観念にもとづいて形成する観念を、精神は多くの仕方で規定することができる。たとえば、楕円の面を規定するために、ひもで吊り下げられた尖筆が二つの中心のまわりを動くところを仮構したり、あるいは任意の与えられた直線に対

してつねに同一で一定の関係を有している無数の点を概念したり、あるいは円錐の頂角よりもその傾斜角のほうが大きくなるように任意の斜面で切りとられた円錐を概念したり、あるいは他の無数の仕方で規定することができる。

[A70] Ⅷ　観念は、それらが或る対象について、より多くの完全性を表現すれば、それだけいっそう完全である。実際、私たちは、何らかの社《やしろ》を考案した建築家を、何らかの傑出した殿堂を考案した建築家ほどには賛美しない。[*43]

[B109 = A71] 思考にかかわるその他のことがら、たとえば愛やよろこび等々は取り上げない。というのも、それらは私たちの目下のもくろみに寄与するところがないし、また知性が知得されなければ、それらは概念されえないからでもある。実際、知得がすっかり取り去られてしまうなら、それらもすべて取り去られてしまうのだから。[*44]

[B110 = A72] 偽なる観念ならびに仮構された観念は、(すでに十二分に示したように[*45]) それらが「偽なる」あるいは「仮構された」と言われるゆえんをなす積極的なものを何ら有しておらず、もっぱら認識の欠損のみによって、そのようなものとして考察されるだけである。それゆえ、偽なる観念および仮構された観念は、そうした類いのものであるかぎり、思考の本質について私たちに何ごとも教えないことになるが、いずれにせよ、この本質はいましがた列挙した肯定的諸特質から引き出されるべきである。言いかえれば、いまや共通な或るものが――これらの特質がそこから必然的に帰結するであろう共通な或るもの、言うなら

ば、それが与えられればこれらの特質が必然的に与えられ、かつそれが取り去られればこれらもすべて取り去られてしまうであろう共通な或るもの[*46]が定められねばならない。

以下を欠く。

訳注

読者に告ぐ

＊1　本訳書では『遺稿集』の編者によるこの「注記」をNSから訳出し、必要と思われる箇所をOPから補った。NSとOP両者のテクストを比較検討し、また諸家によるこの「注記」にかんする考証を総合して勘案すると、この「注記」は、まずおそらくヤーラッハ・イェレス（一六二〇頃―八三年）によってオランダ語で書かれたのち、ロデウィック・メイヤー（一六二九―八一年）によってラテン語訳されたものと考えられるからである（Cf. Spinoza 1992, p. 145; Spinoza 2007 (2009), p. 1525, n. 1; スピノザ 二〇一八、二九一頁、注（1））。

＊2　「同じ著者」というのは、『遺稿集』において『エチカ』、『政治論』のあとにこの『知性改善論』が置かれている事情を踏まえている。

＊3　OPから補った。

〔導　入〕

＊1　NSのタイトルは「知性の改善について、と同時に知性を完全なものにするための手段についての論考」となっている。なお、「手段」と訳したMiddelは「方法」と訳すことも可能である。また、本書で傍点を付して「もの」と訳した原語はresである。たとえばres singularisは「個別的なもの」と訳しており、傍点のない「個別的なもの」はsingulariumのように形容詞が名詞化したものである。

＊2　ブルーダー版では、ここに「人々が一般に得ようとする諸々の善について」という見出しが挿入され

ている。

＊3　OPの原文は“omnia, a quibus, & quae timebam”となっているが、NSを参考に前置詞aを省き、「失われると思われる善に対する怖れ」と「陥ってしまうかもしれない悪に対する危惧」という対比的な構成と解釈するミニーニの校訂に従う（Spinoza 2009, p. 137）。

＊4　本訳書ではanimusに「心」、mensに「精神」、animaに「魂」の訳語を与えた。

＊5　OPおよびゲプハルト版では、ここで改行されていない。しかし、以下の数節では、これまでの生の様式を変えることなく「真の善」にあずかる新たな生の様式に至ることができない理由がまとまって提示されているため、便宜的に改行した。なお、PUF版でも――とくにその理由は示されていないけれど――改行されている（Spinoza 2009, p. 64）。

＊6　人々から一般に「善」とみなされるものがこの三つに帰着するという考えは、たとえばアリストテレス（前三八四―前三二二年）の『ニコマコス倫理学』第一巻第四章（一〇九五a二〇以下）に見られる。

＊7　NSでは、ここで改行されている。

＊8　NSでは、ここで改行されている。

＊9　原文にはalicui institutoと、不定代名詞の形容詞化したもの（alicui）が付いているが、これを排除して読む。ここでのポイントは、人々が善とみなすものの追求（[B3]の「平常のしきたり（institutum）」）と、真の善の探究という「新たなもくろみ（institutum）」が両立しがたいということであり、institutumはこの二つに尽くされる。それゆえ、原文のinstitutoは明らかに「新たなもくろみ」を指すため、不定詞は不必要であると考える。ミニーニも同様の見解を示している（Spinoza 2009, p. 138）。なお、『エチカ』でもinstitutumは「しきたり」と訳せる用法（第四部定理四五系二備考）と「もくろみ」と訳せる用法（第三部定理三備考、第三部定理五九備考、第三部の諸感情の定義二〇説明）に分けられる。

＊10　富、名誉、快楽を手にする人々と、むしろそれらに支配されてしまう人々が対比されており（後者はＮＳでは「富によって所有される人々」となっている）、それぞれが「しばしば」および「つねに」という頻度の差異とともに提示されている。なお、ＮＳとゲプハルト版では、ここで改行されていない。

＊11　この一文は、ＯＰでは“Videbantur porro ex eo haec orta esse mala, quod ...”となっている。本訳書ではhaec malaを主語（「これらの害悪」）としたが、ミニーニはＮＳの読み（「これらは〔…〕にもとづいて悪である」と読める）に従ってortaを省き、haecを富、名誉、快楽を指示する主語（「これらは」）とし、esse malaを述語とする（「悪である」）。ミニーニのこの処置の理由を簡単にまとめると、ortaを保存した場合、「害悪」とされるのは［B8 = A3］に示されていたように富、名誉、快楽を追求する結果としてもたらされる事態だということになり、富、名誉、快楽自体は悪ではないように読めてしまうが、これはスピノザの意図に反する、ということである（Spinoza 2009, p. 138）。しかし、［B7］では富、名誉、快楽をそれだけのために追求することが結局のところ「確実な悪」であると言われていたわけだから、ミニーニのこの処置は杞憂であろう。したがって、ＯＰのテクストをわざわざ改変する必要はない。ちなみに、ミニーニのこの校訂を受け入れている（はずの）ＰＵＦ版のフランス語訳では「これらの悪は〔…〕に起因するように思われた」となっており、ortaを保存した訳になっている（ibid., p. 69）。また、ミニーニはこのあたりのテクストを細かく改行しており、手を加えすぎではないかと思われる（ibid., p. 68. Cf. Spinoza 2007 (2009), p. 27）。

＊12　同様のことが『神、人間および人間の幸福にかんする短論文』（以下『短論文』と表記）第二部第一四章［四］（スピノザ 二〇一八、一八八頁、スピノザ 二〇二三a、一〇〇頁）でも語られている。

＊13　原文は“Sed amor erga rem aeternam, & infinitam sola laetitia pascit animum, ipsaque omnis tristitiae est expers”．テクスト校訂上問題になるのは次の二点。第一に、animumに対応するＮＳの欄外にはmensというラテン語が記されており、たとえば佐藤はmensを採用して「精神」と訳している

が（スピノザ二〇一八、一二一頁、および二九六頁、注（37））、本訳書ではOPのテクストをできるだけ保存するという方針のもとanimumでとる。二点目のほうが複雑である。それはipsaqueをどう処理するかにかかわる。このかたちだと女性単数名詞を指し、もっとも近いlaetitia（よろこび）を指示するととるのが無難だが、その場合、直前で「よろこびのみによって心を育」むと言われていることと内容的にほとんど変わらないように読め、これを受けてミニーニは「冗語的」ではないかとの疑念を提起している（Spinoza 2009, p. 138）。NSにはipsaqueに対応する語がなく、「永遠・無限なものに対する愛」が主語になっており、これを踏まえてミニーニはipsaqueをipsequeに変更し、amor（愛）（男性名詞）を受けるようにテクスト校訂を行っている（ibid.）。その積極的な理由としては、滅びうるものに対する愛が悲しみをともなうこと（［B9］および［B4］参照）との対照を明確化しうる点が挙げられよう（Cf. ibid.）。また、ipsaqueを保存しながら、ジョアキムはrem（永遠・無限なもの）（女性名詞）を受けると解釈する（Joachim 1940 (1958), pp. 14-15, n. 4）。そして、彼は『エチカ』第五部を引き合いに出し（たとえば「神は諸々の受動と無縁であり、いかなるよろこびあるいは悲しみの感情によっても触発されない」という定理一七などを考えればよい）、とくに定理二〇の備考に『知性改善論』のこのあたりの箇所の内容が「より充実し、より明瞭なかたちで再現されている」という（ibid.）。ミニーニの読みにもジョアキムの読みにも学ぶべきところはあるが、OPのテクストを尊重し、かつ文法的にももっとも無難な読みとして、本訳書は「よろこび」で受ける。身体の特定の部分にのみかかわるよろこびが、身体のその他の部分のはたらきを阻害することを指摘する『エチカ』の議論（第四部定理四三とその証明）を思い起こすなら、「よろこび」でとっても「冗語的」とは言えないのではないかと思われる。

＊14 先の［B7］では“modo penitus deliberare”（覚悟を深めて決断を下すことができさえすれば）となっていたが、ここでは“modo possim serio deliberare”となっている。

＊15 NSでは、ここで改行されていない。

＊16　ブルーダー版では、ここに「真なる最高の善について」という見出しが挿入されている。
＊17　佐藤は、富、快楽、名誉それぞれについて、『エチカ』第四部付録二九項、第四部定理四五系二の備考、第五部定理一〇備考への参照を促している（スピノザ 二〇一八、二九七頁、注（43））。なお、NSではここで改行されていない。
＊18　原語はintelligereという動詞であり、intellectus（知性）との結びつきが強いことばであるため、知性的に理解する、という意味で「知解する」と訳す。
＊19　善い、悪い、また完全、不完全という形容が、ものごとを比較することによってつくりあげられる相対的な表現でしかないという思想にかんしては、『短論文』第一部第一〇章、第二部第四章、「形而上学的思想」第一部第六章、『エチカ』第一部付録、第四部序文、第四部定理六八証明などを参照。
＊20　書簡三〇を参照。
＊21　『短論文』第二部第四章、『エチカ』第四部序文参照。
＊22　以下「第三に」、「第四に」、「第五に」の挿入はNSに従った。
＊23　［B13］の終わりあたりから見られる他の多くの人々を巻き込む議論については、たとえば『エチカ』第四部定理一八備考、同定理三五から定理三七備考二までを参照。
＊24　知性を治療する様式が「何よりも先に」考え出されるべきなのは以下の理由によると考えられる。このように知性の治療について思考しているあいだにも、私たちは自らの知性をはたらかせているわけだが、仮にこうした思考プロセスの初期段階に誤謬が含まれているとしたら、それがいかにわずかなものであっても、そのプロセスが進展していくにつれて誤謬はより大きなものになっていくだろう。それゆえ、この初期段階で可能なかぎり誤謬を避けるべく、慎重にことを運びつつも、できるだけ早く知性の行使そのものを正していく様式が求められるのである。
＊25　ブルーダー版では、ここで改行され、「いくつかの生活規則」という見出しが挿入されている。

＊26　書簡三七の末尾参照。なお、以下の三つのポイントは、それぞれ一般の人々が善とみなすもの（[B3]）である名誉、快楽、富にゆるやかに対応していると考えられる。とはいえ、二点目の「歓楽（deliciae）」は、性的なものに結びつきやすい「快楽（libido）」とは区別されている（Cf. Spinoza 2007 (2009), pp. 1528-1529, n. 33）。

〔方法の規定〕

＊1　ブルーダー版では、ここに「四つの知得様式について」という見出しが挿入されている。

＊2　「知得」の原語はperceptio（動詞形percipere）．現代語のperceptionは一般に（感覚）知覚を指すけれども、このラテン語はそれだけでなく、よりひろく「把握する」、「理解する」、「受けとる」、「認める」、「気づく」、「認知する」といった意味合いも含む。

＊3　「いわゆる恣意的な記号」の原文は“... signo, quod vocant ad placitum”. [B82]の“... sensus, quem vocant communem”（いわゆる共通感覚）と同じ構文として読んだ。ad placitumとされる記号は、たとえばオッカム（一二八五頃—一三四七／四九年）（『論理学大全（*Summa totius logicae*）』第一部第一二章）やロジャー・ベーコン（一二一四頃—九二年頃）（『記号について（*De signis*）』五・一六六）の著作に見える。ここでは、誰かの心のなかにある考えや情報を表す文字や音声と理解すればよいと思われる。

＊4　「行き当たりばったりの経験」の原語はexperientia vaga. この語は、フランシス・ベーコン（一五六一—一六二六年）『ノヴム・オルガヌム』アフォリズム第一巻第八二、一〇〇節にも見える（ベーコン一九七八、一三二、一六〇頁）。なお、デカルト（一五九六—一六五〇年）の『省察』「第五省察」には、「〔…〕たんに行き当たりばったりでかつ変わりやすい意見〔…〕（... vagas tantum & mutabiles opiniones ...）」（AT-VII, 69＝デカルト一九九三a、九一頁（「移ろいやすく変わりやすい意見」））とい

う表現が見られる。

＊5　本書では、このように知得（認識）が四つに分類されている。『短論文』第二部第四章［九］では、「たんなる伝聞」、「経験」、「信念」、「明晰な認識」の四つに分けられ、第二部第二二章［三］では「第四の認識」が「神の認識」と呼ばれ、また第二部第二六章［二］には「理性によっても、第四の認識様式によっても」という記述があり、四つに分類されているように見えるが、その一方で、第二部第一章［二］では「（経験からか、あるいは伝聞から生じる）信念」、「真なる信念」、「明晰かつ判然たる理解」の三つに、また第二部第二章［一］では「思い込み（waan）」、「信念」、「明晰な認識」の三つに分けられるなど、『短論文』では認識の様式の数ならびに名称にブレがある。『エチカ』では、「意見（opinio）」、「表象（imaginatio）」、「行き当たりばったりの経験」および「記号」による認識が「第一種」、「共通概念」にもとづく「理性」知が「第二種」、そして「直観知」が「第三種」の認識様式として分類される（『エチカ』第二部定理四〇備考二）。なお、NSでは、ここで改行されていない。

＊6　「しかじかの両親をもったこと」が伝聞による知にぞくするという点は、伝統的なトピックでもある。たとえば、アウグスティヌス（三五四―四三〇年）『告白』六・五・七参照。

＊7　NSでは、ここで改行されている。

＊8　NSでは、ここで改行されている。

＊9　魂の本質を知ることと魂と身体の合一を知ることが密接に関係づけられているが、この考えは「魂がそれゆえに身体に合一しなければならないようないかなるものも、魂のうちにはない」（一六四一年一二月中頃、レギウス宛書簡（AT-III, 461））というデカルトの言明を踏まえるなら、非デカルト的な見解だと言える。

＊10　佐藤はNSに従って「何をすべきかを口で言える」と訳している（スピノザ 二〇一八、一八頁）。この訳は、『短論文』でここと同様の比例数の第一の例が提示されている第二部第一章［三］に見える

「鸚鵡《オウム》が為込《(ママ)》まれたことを真似るように喋った」という一文に近いものとなる(同書、一四三頁、またスピノザ二〇二三a、六八頁)。

＊11　ここでの「公理(axioma)」と似たような用法は、たとえば「いま用いられている一般命題(axiomata)は、乏しいひと握りの経験と、最もふつうに起こる少数の個々的なものから、出てきたのであって」という『ノヴム・オルガヌム』アフォリズム第一巻第二五節に見られる(ベーコン 一九七八、七七頁)。

＊12　本書で「直観(intuitus)」にかかわる用語が唯一使われる場面である。

＊13　比例数の例は、『短論文』第二部第一章、『エチカ』第二部定理四〇備考二にも見られる。また、デカルト『精神指導の規則』(以下『規則論』と表記)規則六の連比の事例をも参照(AT-X, 384-385 = デカルト 一九七四、三九—四〇頁)。

＊14　ブルーダー版では、ここで改行され、「最上の知得様式について」という見出しが挿入されている。

＊15　[B14]参照。

＊16　[B52 = A34]以降の「仮構」についての議論を参照。Spinoza 2009 も同じ参照箇所を示している(p. 146, n. 41)。

＊17　[B20 = A15]に見られたように、伝聞にもとづく知識をたんに「疑ってこなかった」ことに由来する、確実性の消極的な規定だと考えられる。

＊18　「そのひと自身の知性(proprius intellectus)」という箇所は「本来的な知性」という訳も可能である。なお、レクリヴァンは、この箇所に原注(i)を付している(Spinoza 2003, pp. 80-81)。

＊19　ブルーダー版ではここで改行され、さらに「知性の道具、真の観念について」という見出しが挿入されている。しかし、OPでは改行されておらず、NSは「すなわち」という文で[B29 = A25]と[B30 = A26]を切れ目なくつないでいる。とはいえ、[B49 = A32]で示される『知性改善論』前半の構造

を踏まえれば、ここで改行する意図も理解できなくはない。なお、Spinoza 2009 でも改行されているが（p. 80）、その理由は示されていない。

*20　原注（i）にすでに登場していたが、本文ではここが「方法（Methodus）」という語の初出箇所である。

*21　OPでは「必要とされない（non opus est）」となっており、ゲプハルトもこの non を保持しているが（Geb-II, 13）、次の「物体的道具にまつわる事情と同様」という文との整合性を考えれば、non は取り去られるべきである。NSも肯定形にしており、PUF版と佐藤も non を省く読みを採用している（それぞれ Spinoza 2009, p. 80, p. 139; スピノザ 二〇一八、三〇三頁、注（85））。

*22　方法と鍛冶の技術を重ね合わせる議論は、デカルト『規則論』規則八にも見られ（デカルト 一九七四、五四頁）、ルッセによれば、スピノザとデカルトではこの議論の意味するところがちがうとはいえ、スピノザがこのあたりを書いているときに、デカルトのこのテクストを見ていなかったことは「ありえないと思われる」（Spinoza 1992, p. 210）。スピノザがデカルトの『規則論』を読んでいたかどうかについては決定的な証拠はなく、このテクストの影響関係については議論がある。

*23　「知性的な作業（opera intellectualia）」という表現は、ベーコン『ノヴム・オルガヌム』の二つ目の「序言」に見られ（ベーコン 一九七八、六一頁）、さらにこの箇所には「諸々の道具の力および助け」、「精神の諸力」など、スピノザが用いるのと似通った用語が含まれている。

*24　原語は ideatum. 観念の対象となっているもの、という程度に理解すればよい。ちなみに、この語は『エチカ』では第一部公理六、第二部定義四説明などで用いられる。また、佐藤の訳注を参照（スピノザ 二〇一八、三〇四頁、注（92））。

*25　ラテン語では「物体」も「身体」もともに corpus であり、区別がない。

*26　「形相的本質」および「対象的本質」の原語は、それぞれ essentia formalis と essentia objectiva.

スコラ哲学において使用される esse formale / objectivum、デカルトが『省察』で用いた realitas formalis / objetiva とならび、その内実の理解が難しく、また訳語も統一されていない術語である。訳者の解釈を示しておけば、「形相的本質」は真の観念が対象とするもの——それがものであれ観念であれ——のあるがままの本質であり、「対象的本質」はその対象についての真の観念を有している者に認識されているかぎりでの対象の本質である（秋保二〇一九、二五—二八頁あたりを参照されたい）。

*27 「事象的」の原語は realis. 名詞 res から派生した形容詞である。この形容詞はしばしば「実在的」と訳されるが、本訳書では「実在」という訳語をもっぱら existentia ならびに existere というラテン語にあてる。

*28 『エチカ』第二部定理四三備考参照。

*29 「感得する」の原語 sentire はしばしば「知得する（percipere）」と並べられ（[B60]）、その名詞形である「感得（sensatio）」は「観念」と等置されることがある（[B78]）。なお、ここでアピューンは「形相的本質」を「対象的本質」に変更して訳しているが（Spinoza 1964, p. 191）、これは余計な措置である。この点に加え、この箇所の他の係争点については、秋保二〇一九、三九—四〇頁、注（24）参照。

*30 『エチカ』第二部定義四では「十全な観念」が定義されている。

*31 ブルーダー版ではここで改行され、「認識の正しい方法について」という見出しが挿入されている。

*32 「しかるべき順序で」という表現は、ここを含めて本書に三回登場する（他は[B44]、[B45]）。方法と「順序」にかんしては、デカルト『規則論』規則五、規則六、ならびに『方法序説』第二部の第三規則を参照。

*33 「補助手段」という語は[B102 = A58]、[B103 = A59]にも見える。なお、ルッセはこの「補助手段」が[B94]以降で論じられる「よい定義および導出の諸規則」を指すと解釈している（Cf. Spinoza 1992, p. 265)。

＊34　原語は cognitio reflexiva.「反省的認識」と訳されることもあるが（たとえば畠中はそう訳している（スピノザ 一九六八、三四頁））、「反省」という表現は、過去の（非難されるべき）行為について省みるといった道徳的なニュアンス、あるいは意識主体による内省といった意味合いを呼び込むおそれがある。しかし、『知性改善論』におけるこの認識は、或ることがらを認識するということが、即座に、そのことがらを認識していることを認識することに直結するように（[B34] 参照）、いわばある観念（認識）が原理上有する合わせ鏡のような反復構造を示しており、こうしたいわば「光学的な」(Spinoza 1992, p. 240) 意味合いを反映すべく「反照的」と訳す。なお、この語は『知性改善論』にしか現れない。佐藤の訳注も参照（スピノザ 二〇一八、三〇六頁、注（107））。

＊35　[B34] 末尾参照。

＊36　[B33 = A27] の「（実際、私たちは真の観念を有している）」という箇所との兼ね合いを考える必要があるだろう。また、このあたりの箇所で「存する」と「与えられる」に訳し分けたのは、ひとつの動詞 datur（do（与える）の受動相）である。「与えられている真の観念（data vera idea）」という表現では、この動詞の完了分詞が用いられている。ゲルーは所与性を強くとるが（Cf. Gueroult 1968, p. 30, n. 42）、あまりに所与性を強くとりすぎると、方法の探究を行っている知性自身とは別のところから（たとえば啓示などを介して）この真の観念が与えられる、といったような誤解を招きかねない。「与えられる」と訳されたところでも、所与性を強く読み込む必要はない。コイレやミシェル・ベイサッドは、datur はたんに「ある」、「存する」という程度の意味だと理解している（Spinoza 1994, p. 103; Spinoza 2009, p. 147, n. 58）。

＊37　アピューンは、ここで段落を変えている（Spinoza 1964, p. 192）。ルッセもまた、この箇所でスピノザの議論が「新たな展開」を迎えるとして、この箇所でテクストを内容上区切ることに賛同している（Spinoza 1992, p. 240）。

＊38 「観念の形相的本質」という表現は、観念の対象を指すか、あるいは観念そのものの形相的本質のことか、ふたとおりに読みうるが、ここでは前者でとるのが妥当であろう。

＊39 NSとゲプハルト版では、ここで改行されている。OPでは改行されていない。

＊40 畠中は「諸道具」のあとに「〔観念〕」と説明を付け加えている（スピノザ 一九六八、三四頁）。また、［B32］参照。

＊41 ［B37］参照。なお、［B49 = A32］をも参照。

＊42 「私が方法というのは、確実な容易な規則、それを正確に守る人は誰でも、虚偽を真理として認容することと決してなく、精神の努力を無益に費さず常に次第に知識を増しつつ、その達しうる限りの事物の、真の認識に到達するであろうような、規則である」（デカルト『規則論』規則四（AT-X, 371-372 =デカルト 一九七四、二四頁））。「人間の認識とは何か、そしてそれはどこまでおよぶか〔……ということのうちに〕知ることの真の諸道具および方法全体が含まれている」（同書、規則八（AT-X, 397-398 = 同書、五五頁。訳文を変更））。

＊43 原文は“idea eodem modo se habet objective, ac ipsius ideatum se habet realiter”.「対象的に」と訳した objective は、ここでは「対象的本質という資格で」という意味で理解すればよく、「事象的に」と訳した realiter は「もの（事物）として」という意味でとるとよいと思われる。

＊44 「もし仮に〔…〕存するとすれば」と訳したのは si daretur（do の受動相接続法未完了過去）、またその対象的本質も「与えられるなら」と訳したのは si datur（do の受動相直説法現在）。ゲプハルト版は、後者も daretur に変更している（Geb-II, 16）。NSには後者の si datur に該当する文がなく、ミニーニはこれに合わせてテクストから si datur を削除しており（Spinoza 2009, p. 86）、佐藤もこれに従っている（スピノザ 二〇一八、二六頁）。本訳書は、前者の si daretur を実際にはありえない反実仮想として読み、後者の si datur を（形相的本質と対象的本質の全面的一致の原理にそくして、かつ、この反

実仮想を受け入れた場合の）現実的な仮定として理解するルッセの解釈に従う（Spinoza 1992, pp. 248-250）。

＊45 〔B31〕、〔B39〕参照。

＊46 まず「自然という型」の原語は naturae exemplar. この語が『知性改善論』で現れるのは、この箇所だけである。ベーコンの次の表現を参照。「我々は世界の真の雛形（verum exemplar mundi）を、人間の知性のうちに立てようとするのだが、それは見出されるままの型であって、誰かに対して、彼自身の理性が指定したような性質のものではない」（『ノヴム・オルガヌム』アフォリズム第一巻第一二四節。ベーコン 一九七八、一八八頁）。なお、『エチカ』第四部序文には「人間本性の型」という表現が現れる。次に、「反映する」と訳した原語は refero. この語の訳の難しさおよび解釈上の議論については、秋保 二〇一九、八七–八八頁、注（31）、スピノザ 二〇一八、三〇八頁、注（117）を参照。

＊47 〔B35〕参照。なお、『短論文』第二部第一五章、『エチカ』第二部定理四三備考、書簡七六をも参照。

＊48 〔B80〕参照。

＊49 ミニーニは、ここまでを第44節に含めている（Spinoza 2009, p. 88）。

＊50 『エチカ』では、同書で示される一連の証明の理解をさまたげる根本的な先入見として、人間以外の自然物や神が目的のためにはたらいていると考えることが挙げられている（『エチカ』第一部付録、また第一部定理八備考二をも参照）。

＊51 この表現が具体的にはどの箇所を指すのか定かではないが、〔B50 = A33〕以降を参照すればよいと思われる。

＊52 〔B3〕、〔B4〕、〔B9〕参照。

＊53 NSでは、ここで改行されていない。

＊54 理解の難しい一節である。まず「自然の諸真理をこの順序で示した」という箇所だが、〔B34〕の原

注（n）や［B36］の原注（o）によれば、自然の探究は「私の哲学」において実行されるはずである。この「自然の諸真理」とは何を指すのか。また、「この順序」とはどの順序なのか。こうした分かりづらさのために、nonを付加して「自然の諸真理をこの順序で示さなかったのか」と読む解釈者も多い（たとえばコイレやカーリー）。しかし、この付加はOPからもNSからも支持されない。とはいえ、この箇所は、そのように「問うひとがいるかもしれない」という仮想的疑問文の一部なので、スピノザ自身の考えを示すものではないと考えることもできよう。次に、「私たちが語ることを偽なるものとして切って捨てようとせず、そのまえに私たちがそれらを立証する順序を考察してくれるように」という箇所の原文は、"ea velit tanquam falsa rejicere; sed prius dignetur ordinem considerare, quo ea probemus". 下線部のeaを「私たちが語ること」と補って訳したが、ミニーニはeasに校訂し、「諸真理」を受けるようにしている。それにともない、falsaもfalsasに、後ろのほうのeaもeasに校訂しており（Spinoza 2009, p. 90）、佐藤もこれに従っている（スピノザ 二〇一八、二八—二九頁）。最後に、「これらのことを前置きした」という箇所で、「これらのこと」が何を指すのかも分かりづらい。畠中は「方法に関する議論を以て始めた」と、かなり強い意訳を行っている（スピノザ 一九六八、三八頁）。なお、スピノザ自身の主張が読者に困惑を与えるかもしれない、との配慮は『短論文』第二部第二六章末尾、『エチカ』第二部定理一一系の備考にも見られる。なお、NSでは、ここで改行されていない。

＊55 原語はconscientia. 本書において名詞のかたちではここが唯一の用例であり、ほかに形容詞のかたちで［B56＝A35］に一回の用例が見える。

＊56 「自動機械」の原語はautomata. ［B85＝A46］では精神が一種の「精神的自動機械」のようなものであることが肯定的に述べられる。NSでは、ここではなく一文あとで改行されている。

＊57 以上の三つのポイントについては、それぞれ［B1＝A1］〜［E16］、［B18＝A9］〜［B29＝A25］、［B30＝A26］〜［B48］参照。

＊58　このように三点挙げられた方法の課題は、それぞれ［B50 = A33］～［B90 = A48］、［B91 = A49］～［B98 = A56］、［B99 = A57］以下の順に論じられる。

＊59　この四点目は、方法の課題ではなく、本書のここまでの整理の四点目である。［B38］、［B39］参照。

〔方法の第一部〕

＊1　ブルーダー版では、ここに「方法の第一部　虚構された観念について」という見出しが挿入されている。

＊2　本訳書では fictus という形容詞、fictio という名詞に「仮構」という訳語を与えた。佐藤が指摘するとおり、「虚構」と訳すと捏造を即座に含意してしまうように思われるからである（スピノザ 二〇一八、三一一頁、注（131）参照）。

＊3　ＯＰでは somnum（ねむり）、ＮＳでは dromen（夢）となっており、カーリー、ミニーニ、佐藤らはＮＳを踏まえて somnium（夢）を採用している（Spinoza 1985, p. 23 および n. 36; Spinoza 2009, p. 92; スピノザ 二〇一八、三一一頁、および三一〇頁、注（129））。

＊4　「ここで」というのは、「方法の第一部」というよりも、『知性改善論』全体のことを指していると考えられる。

＊5　ＯＰでは「最近原因（proxima causa）」となっているが、ＮＳでは「第一原因（prima causa）」に対応するオランダ語が使われている。ミニーニは、書簡三七の「〔…〕真の諸観念とその他の諸観念——仮構された観念、偽なる観念、疑わしい観念、一般的に言えば、たんに記憶力にのみ依存するすべての観念——を区別することが必要です。このことを理解するためには、少なくとも方法の要求するかぎりでは、精神の本性をその第一原因によって認識することは必要ではありません」という箇所（スピノザ 一九五八、一九二頁。訳文を変更）をひとつの傍証として「第一原因」で読んでおり（Spinoza 2009, pp.

139-140)、佐藤もこれに従っている（スピノザ 二〇一八、三一頁、および三一一頁、注（130））。本訳書は［B19 = A10］の第四の知得の記述を踏まえ、「最近原因」を保存する。

＊6 「これこれの存在状態において」の原文は“in tali actu”. このあとの例に見られるように、たとえばペテロについて、彼が自宅に向かっていたり、私の家に向かってきたりするような状態を考えればよい。

＊7 他の著作における「可能」、「不可能」、「必然」については、『短論文』第一部第一章の長い注（スピノザ 二〇一八、八四─八六頁、スピノザ 二〇二三a、一一八─一二〇頁）、「形而上学的思想」第一部第三章、『エチカ』第一部定理三三備考一、第四部定義三、定義四を参照。

＊8 本書での「神」の最初の用例である。

＊9 「その者」と訳した箇所は、OPではnos（私たち）となっているが、それでは意味が通りにくいし、次の文の「私たちにかんして言えば」との対比も無意味になってしまう。NSでは、hy（彼）が使われている。ゲプハルトはeumに、ポートラはidに校訂しており（Geb-II, 20, Spinoza 2016, p. 76; Spinoza 2022, p. 21）、前者は「神」を、後者は「全知の者」を指すことになるが、本訳書では、どちらともとれるように「その者」と訳した。実際、この節の内容を端的にまとめれば、（ものの実在についての）知識があるところには仮構はありえない、ということであり、それゆえ神や全知の者が存在するなら、それらにとって仮構はありえないことになる。

＊10 原文は“… Chimaera, cujus natura existere implicat”. implicat / implicantia という一語で「矛盾を含む」という意味をもちうる。たとえば、デカルトは『省察』「第二答弁」において「相互に対立する観念を不当に結合する概念のみにおいて成り立つ矛盾関係、言うならば不可能性（implicantia sive impossibilitas）」という表現を用いている（AT-VII, 152 = デカルト 一九九三a、一八五頁参照。訳文を変更）。なお、「キマイラ」については、「キマイラというのは、人間から生れたものではなく神の種族で、体の前の部分は獅子、後部は蛇、胴は山羊という怪物、口からは恐ろしい勢いで炎々たる火焔を吹き

出す」（ホメロス 一九九二、(上)一九一頁（六・一七九））、「からだのなかほどから火炎を噴き、胸と頭は獅子で、尾は蛇だという怪物キマイラ」（オウィディウス 一九八一―八四、(下)四八頁（九・六四七―六四八））といった記述を参照。

＊11 「現実性」と訳した原語は actualitas.『エチカ』では第一部定理一七系の二の備考に一度だけ現れる。

＊12 このあたりの原文は "nisi rei ipsi, ubi non attendimus ad naturae ordinem". なかなか意味のとりにくい文である。［B65］では、仮構をふせぐ条件のひとつとして「自然の順序に注意を向ける」ことが挙げられている。そこで、自然の順序に注意しなければ仮構の可能性が生じてしまうことになる。しかし、この節では、そうした可能性（の実現の回避）に対する実在の特殊的・個別的理解の有用性が語られていると解釈し、この訳文を採用した。

＊13 「すでに述べられたこと」の原文は "jam dictis". ミニー二は dictis を fictis に校訂し、「先に仮構されたもの」ととっている。その理由のひとつとして、「すでに述べられたこと」というOPのテクストをそのまま採用する場合、この表現が言及している箇所・内実を理解することが難しい点を挙げている (Spinoza 2009, pp. 96, 140)。しかし、ここでは、この［B56＝A35］で挙げられているタイプの仮構が、これ以前に語られたタイプの仮構から逸脱するものではないということが語られていると素直に理解できるため、OPのテクストを改変する必要性はないと考える。

＊14 ［B52＝A34］および［B53］参照。念のために言い添えておけば、この［B56＝A35］で扱われているのは、「可能的」と考えられた他人の誤謬、換言すれば、他人が犯す可能性のある誤謬にかんする仮構である。なお、NSでは、ここで改行されている。

＊15 この最後の文は分かりにくいかもしれない。たとえば、私が誰かに「地球はまるくない」と語るとき、その相手が地球がまるいことを（科学的な）知識として知っていたとしたら、その相手が「地球はま

るくない」という考えを受け入れることは不可能なはずである。すると、この場合、私は相手が犯す可能性のある誤謬についての仮構を行うことができず、たんに「地球はまるくない」ということばを発しているだけ、ということになろう。

＊16 「学問上の問題をめぐる議論」と訳した原語は Quaestio. ミシェル・ベイサッドは、この語について「諸々の学問において探究や議論の対象となる問い」という語釈を与え、デカルトの『規則論』規則一二の用例（AT-X, 428-430＝デカルト 一九七四、九一―九三頁）を挙げている（Spinoza 2009, p. 149, n. 85)。また、この規則一二のなかでデカルトが議論を進めていくためにいくつかの仮定を立てている箇所も参照（AT-X, 417-424＝デカルト一九七四、七八―八六頁）。

＊17 ロウソクにかんする仮定は、デカルト『哲学原理』第四部第九五〜一〇二項に見える。

＊18 NSでは、ここで改行されている。

＊19 （ロウソクの）炎にかんする議論については、デカルト『哲学原理』第三部第二二項、第四部第九五〜一〇二項参照。

＊20 スピノザは知性的理解（知解（intelligere））と知得（percipere）をそれほど対立させることはないが、ここでは畠中の言うように、とくに感覚的知覚のことを考えればよいだろう（スピノザ 一九六八、九八頁）。

＊21 [B54] 参照。ただし、そこでは「思考」ではなく「実在」が語られていた。

＊22 「すでに述べたように」という表現がどこを指しているのか分かりにくいが、この節で提示された、知解することが多いほど仮構する力能が減じられる、ということの言いかえであると思われる。

＊23 これらの例と似たような記述が『エチカ』第一部定理八備考二に見える。幽霊については、書簡五二、書簡五四、書簡五六を参照。オウィディウス『変身物語』の石になるニオベの記述（オウィディウス 一九八一―八四、(上)二三五―二三六頁（六・三〇一―三一二））に加え、佐藤の訳注を見られたい（スピ

ノザ 二〇一八、三一四頁、注(149))。また、カーリーはオウィディウスに加え、ユダヤ＝キリスト教の伝統、とくに無からの創造と化体という論点も指摘している（Spinoza 1985, p. 27, n. 45）。

＊24 「自然のうちに」と訳した原語は in rerum natura.

＊25 原文は“ut etiam tali modo cogitentur, ut prima fictio non opugnetur”. 下線を付した動詞は複数形になっており、主語として何を受けるかが判然としない。ゲプハルト版では“ut etiam alia tali modo …”というように主語として alia が挿入され、「他のことどももまた〔…〕思考されるべく」と読めるようにしている（Geb-II, 23）。本訳書は、このようにOPにはない語を挿入するよりも、cogitentur（複数形）から cogitetur（単数形）に一文字だけ校訂するほうがよいと判断し、結果的にミニーニの校訂と同じ読みをとる（Spinoza 2009, pp. 100, 140）。とはいえ、alia を挿入する読みでも内容的にはあまり変わりがない。

＊26 ミニーニは、ここから第61節をはじめている（Spinoza 2009, p. 100; Spinoza 2007 (2009), p. 48）。

＊27 「整合的結合」と訳した原語は cohaerentia. 本書で唯一の使用箇所である。ミシェル・ベイサッドによれば、この語は「ストア的な語句」で、「自然の諸現象の緊密な結びつき」という自然学的側面とともに、「三段論法における諸項の整合性」という論理学的側面を同時に示すものである（Spinoza 2009, p. 149, n. 95）。

＊28 NSでは、ここで改行されている。

＊29 PUF版のラテン語テクスト（ミニーニによる校訂テクスト）はこの次の文から第63節をはじめているが、フランス語訳テクストはブルーダー版と同じ箇所（[B63]）で区切っている（それぞれ Spinoza 2009, pp. 102, 103. Cf. Spinoza 2007 (2009), pp. 48-49）。

＊30 PUF版では、この次の文から第64節をはじめている（Spinoza 2009, p. 102. Cf. Spinoza 2007 (2009), p. 49）。

＊31　「というのも」からはじまるこの一文は、NSにはない。NSの訳者の手落ちとみなす解釈や、スピノザがあとから付加した文と見る解釈がある。「単純なもの」については、『デカルトの哲学原理』第一部緒論（Geb-I, 142＝スピノザ一九五九、二二頁、スピノザ二〇二三b、三八―三九頁）、デカルト『規則論』の「単純本性」にかんする議論（規則六（AT-X, 383＝デカルト一九七四、三八頁）、規則八（AT-X, 399ff.＝同書、五六頁以下）、規則一二（AT-X, 417ff.＝同書、七八頁以下））を参照。

＊32　NSでは、ここで改行されている。

＊33　ブルーダー版では、ここに「偽なる観念について」という見出しが挿入されている。

＊34　［B59＝A38］や［B64］にも見える「同意（assensus）」について。確かに、『エチカ』では「意志」が「同意能力（facultas assentiendi）」と等置されており、そしてよく知られているように、スピノザは主にデカルトを念頭に置いて、自由意志という能力の存在を否定する（『エチカ』第二部定理四九およびその系の備考）。しかし、『知性改善論』での「同意」の用例は、デカルトではなく、むしろストア派の術語を強く思わせるものである。ストア派の認識論では、基本的には知者が行う認識について、「表象（visum）」が与えられ、それに対する「同意（adsensus）」がなされ、その結果「把握（compre(he)nsio）」が生じる、という三段階の議論がなされる。そして、同意が与えられることではじめて真・偽を問いうる判断になるとされる。こうした知者の認識について、ゼノンが身ぶりで表そうとする有名な場面を引こう。「まず指を開いた手を差し出して見せ、「表象とはこのようなものだ」と言い、次に少しばかり指を折り曲げて、「同意とはこのようなもの」と言い、さらに指をしっかり閉じて拳をつくり、「把握とはこれ」と言うのだ」（キケロ『アカデミカ前書』一四五。邦訳は『初期ストア派断片集1』五七頁）。また、「〔…〕多くの事物が感覚によって把握され知覚される〔…〕。だが把握と知覚は同意（adsentio）なしには起こらないのである」（同書、三七。邦訳は『初期ストア派断片集2』一二一頁）。

＊35　［B64］の原注（b）参照。

*36 「〔同意を与える〕当人に」と訳した原語は ipsi. この強意代名詞が何を指しているのかは明瞭ではない。ミシェル・ベイサッドは、これが「精神」を指していると解釈し、さらにこの指示の曖昧さの理由として、[B64] の原注（b）への参照を促すこの一文がおそらく事後的に付加されたためではないか、と推測している（Spinoza 2009, p. 150, n. 102）。

*37 NSでは、ここで改行されている。

*38 『ポール・ロワイヤル論理学』には、「しかし彼ら〔ストア派の人々〕は、この物質を微細にすれば、それはより物質的でなく、より粗大でなく、より肉体的でなくなり、最後には思考することができるようになると確信したが〔…〕」という一節がある（アルノー＋ニコル 二〇二一、八六頁）。

*39 「ものとは何か、真理とは何か、思考とは何かを私が知解していることは、私の本性そのもの以外のところから得られるとは思われない」というデカルト『省察』「第三省察」における「本有観念（idea innata）」の規定を参照（AT-VII, 38＝デカルト 一九九三a、五五頁。訳文を変更）。

*40 真なる思考の「外的な概念規定（denominatio extrinseca）」とは、ひらたく言えば、或る思考が真であることを、その思考以外のものとの関係で定めることである。具体的には、『エチカ』第二部定義四の説明に見られるように、「観念とその対象との一致」を考えればよい。佐藤の訳注も参照（スピノザ 二〇一八、三一七頁、注（167））。なお、『エチカ』のこの定義において実際に定義されているのは、「対象との関係なしにそれ自身において考察されるかぎりで、真の観念のすべての特質、言うならば内的概念規定を有する観念」としての「十全な観念」である。確かに、この語は『知性改善論』においてすでに [B35] で登場しているが、『エチカ』と同じ内容が考えられていたのかどうかは定かではない。

*41 一六六三年の書簡九では、似たような事例が「定義」をめぐって示されている。

*42 OPでは「与えられた」という形容詞が厳密には「規範」にかかっており、「真の観念の与えられた規範」と訳すほうが正確であるが、他の箇所（[B38]、[B43＝A29]、[B49＝A32]、[B75]）との一致

の観点から、ミニーニの校訂に従い、「真の観念」にかける(Spinoza 2009, p. 140)。佐藤も同じ方針をとっている(スピノザ 二〇一八、四三頁、および三一七頁、注(168))。とはいえ、OPのテクストをそのままとって「真の観念という規範を与えることから出発して自らの思考を〔…〕」と訳すことも不可能ではない。

*43 ミシェル・ベイサッドは、「諸原因についての無知が仮構を可能にし、したがって誤謬を可能にする」と指摘しながら、[B53]への参照を促している(Spinoza 2009, p. 150, n. 107)。

*44 「自己原因」への言及と考えられる。[B92 = A50]参照。

*45 『エチカ』第二部定理五を参照。

*46 OPではdeduceretとなっており、「ものどもを創造する以前の」という文に組み込まれることになるが、他の校訂者たちと同様、deducereという不定法に改め、「もし私たちが〔…〕想定するなら」という文に支配されるものとして読む。

*47 [B106 = A61]参照。

*48 デカルト『省察』の次の文を参照。「私の外ではおそらくはどこにも実在しないとするにもせよ、しかし〔それでも〕無であるとは言われることのできない或るもの〔ども〕の無数の観念〔ども〕を、私が私のうちにおいて見つけ出す――そしてそれらは、私によって或る意味では随意に思考されはするものの、しかし〔それでも〕私によって作り出される〔ナイシハ、仮想される〕のではなくて、固有なる真実かつ不変の本性をもっている――ということである」(「第五省察」、AT-VII, 64 =デカルト 一九九三a、八五頁。訳文を変更。〔 〕は所)。なお、「目の前に据え」るというところの「目(oculis)」は、身体器官ではなく、「精神の目」であろう(『エチカ』第五部定理二三備考参照)。

*49 畠中は「ここは正確には「中心(centrum)のまわりを」ではなくて、「直径(diametrum)のまわりを」であろう」と言う(スピノザ 一九六八、九九頁)。レクリヴァンも同様の指摘をしている

(Spinoza 2003, p. 190)。それに対して、ルッセは「テクストをそのまま保存する必要があり、半円が中心のまわりを空間のあらゆる方向にわたって回転する――これは実際に球を与えることになる――と理解すべき」だと言う(Spinoza 1992, p. 326)。

＊50 諸家によって「発生的定義」ないし定義の「発生的側面」と言われる論点にかかわる。[B96] およびその箇所の訳注を参照。

＊51 「対等であ」ると訳した原語は adaequat. 本書でこの動詞が用いられるのは、ここだけである。なお、『エチカ』では一度も用いられていない。

＊52 このあたりのNSの文がOPとだいぶことなることについては、佐藤の訳注を参照(スピノザ 二〇一八、三一八頁、注(176))。

＊53 原文は "uti prima fronte videtur". カーリーは、次のように注を付している。「ほとんどの翻訳者は(NSも含めて)、これがもっともらしい仮説にすぎないものとして提示されているとみなしてきた。しかし、ジョアキムはこれが自明な原理として提示されていると示唆している」(Spinoza 1985, p. 33, n. 54; Joachim 1940 (1958), p. 91)。前者の場合は「一見したところそう思われるように」というような訳になるだろう。

＊54 『エチカ』第二部定理一一系、第二部定理二八、第二部定理二九系、第二部定理三五参照。ちなみに『エチカ』では、「欠損した(mutilata)」という表現は使用されるが、「断片的な(truncata)」という表現は用いられない。なお、『エチカ』のこのあたりの議論にとっては、精神が身体の観念であるという規定(第二部定理一三などを参照)が決定的に重要になるが、『知性改善論』ではこの規定は見られない。なお、このあたりの「十全性」にかんする議論を見ると、「『改善論』にとっては、十全であることと網羅的であることが混同される傾向にある」というゲルーの指摘はもっともであるように思われる(Gueroult 1974, p. 580)。

*55 「命題」と訳した原語はaxioma. ディオゲネス・ラエルティオスが報告する以下のストア派（クリュシッポス）の用例を参照。「また命題（アクシオーマ）とは、真か偽かのいずれかであるもの〔…〕」。「ところで、「アクシオーマ」（命題、判断）というその名前は、そのことを承認――あるいは拒否――するのが妥当だと考える（アクシウースタイ）ということからつけられたものである」（ディオゲネス・ラエルティオス 一九八四―九四、(中)二五六頁（七・一・六五））。なお、ルッヤによれば、スピノザ哲学でこの語はしばしば「たんに、自明な前提とみなされる抽象的な一般命題を意味する」（Spinoza 1992, p. 334）。なお、「確実性」と訳した原語はOPでもゲプハルト版でもcertudine（Geb-II, 28）であるが、単純な誤植と思われるので、多くの校訂者と同様、certitudineとして読む。

*56 『ポール・ロワイヤル論理学』第一部第九章終盤（アルノー＋ニコル 二〇二一、八六頁）参照（[B68]の訳注とほぼ同じ箇所）。また、デカルト『省察』「第二省察」の以下の箇所も参照。「しかしながら、その魂の何であるかということは、気にもかけないでいたか、あるいは〔そこに心を向けたとしても〕、私のいっそう粗大なもろもろの部分に注ぎ込まれ〔ゆきわたっ〕ているところの、何かしら或る、風や火やエーテルみたいな微細なもの、を私は想像していたのである」（AT-VII, 26＝デカルト 一九九三a、三九頁。訳文を変更。〔 〕は所）。スピノザは『デカルトの哲学原理』第一部緒論で、まさにこの「第二省察」の一節に言及している（Geb-I, 144＝スピノザ 一九五九、二六頁、スピノザ 二〇二三b、四二頁）。なお、佐藤はプロイエッティの研究を引き、「このストア派批判とセネカ「ルキリウス宛書簡」五七・七―九との関係」を紹介している（スピノザ 二〇一八、三一九頁、注(183)、セネカ 二〇〇五、二一七頁）。

*57 [B26＝A21]、[B27＝A23] 参照。

*58 NSでは「規則づける」と訳せるregelenが用いられている。

*59 抽象性の批判については[B55]、抽象性と表象の連関については[B2Ⅱ]の原注（h）参照。

＊60　ＮＳでは、ここで改行されている。

＊61　『エチカ』第二部定理四〇備考一参照。

＊62　ブルーダー版では、ここに「疑わしい観念について」という見出しが挿入されている。

＊63　〔B47＝A31〕参照。

＊64　「感得」と訳した原語はsensatio. その動詞形はsentireで、〔B35〕の用法を参照。また、『省察』「第二答弁」におけるデカルトの以下の用法も参照。「或るものを他のものなしに感得するということは、或るものについての観念をもち、かつ、その観念が他のものの観念と同じものではないことを知解することにほかならない」（AT-VII, 132＝デカルト一九九三ａ、一六三頁。訳文を変更）。

＊65　太陽の大きさの事例は〔B21〕に登場していた。

＊66　「つまり、〔疑いをもつ〕ひとは」からここまでの文は、ＯＰでは原注（ｂ）として注の扱いになっているが、ＮＳではこのように本文に組み込まれている。本訳書がＮＳに倣ってこの文を本文に繰り入れた理由を、ＯＰおよびＮＳの編者たちによる『知性改善論』のテクストにかぎった編集についての推測を交えながら説明すれば、以下のようになる――ＮＳはスピノザの友人たちがラテン語から翻訳しつつ作成したテクストである。ＮＳの作成者たちが参照した、スピノザの用意していたラテン語原稿においてこの文が注に位置していたと仮定して、ＮＳの編者たちがそれを本文に繰り入れるには、それなりの理由が必要なはずである。そこで考えられる可能性は、まず、⑴その注の箇所に、この文を本文に繰り入れるような記号・指示が書き込まれていた場合、であろう。この場合、ＯＰの編者たちは彼ら独自の判断でこの記号・指示を無視したことになる（そして、訳者としてはこの措置を理解できなくもない）。さもなくば、⑵ＮＳの編者たちが参照したスピノザのテクスト自体のなかで、この文がすでに本文にあった、ということも可能性としては考えられよう。しかし、この場合、このテクストとＯＰは若干ことなるテクストということになる。訳者としては、⑴の蓋然性が高いと考え、ＮＳの編者たちのテクスト処理を採用す

る。この処置は、ジョアキムの疑念に反して（Joachim 1940 (1958), p. 182, n. 1)、文章全体の流れを鑑みても妥当だと思われる。というのも、この一文は、疑いをもたらす観念が「明晰かつ判然としたものではない」ということの具体的事例になっているからである（「〔…〕もっぱら混然とした仕方でのみ知る〔…〕」）。しかも、この処置は、原注のアルファベットのならびの問題についても利するところがある（[B76]の原注（a）の訳注参照）。

＊67　NSにあってOPにはない語句。ここはNSのように補って読むほうが内容がとりやすい。

＊68　このあたりの議論は、よく指摘されるように『デカルトの哲学原理』の第一部緒論に見られる議論とほぼ同じものである（Geb-I, 147-149 ＝スピノザ 一九五九、三〇―三三頁、スピノザ 二〇二三b、四六―四九頁）。なお、『神学・政治論』の第六章に付された原注には、『デカルトの哲学原理』のこの箇所への参照を促す記述がある（Spinoza 1999, pp. 658-660 ＝スピノザ 二〇一四、㊤四四一―四四二頁）。

＊69　探究の順序と連続性の重要性については、デカルト『規則論』規則七（AT-X, 387-388 ＝デカルト 一九七四、四三―四四頁）、問題そのものを限定しておくことの重要性については、規則一三（AT-X, 431 ＝同書、九五頁）参照。

＊70　NSに依ってreiを挿入するミニーニの校訂に従う（Spinoza 2009, pp. 114, 141)。

＊71　ブルーダー版は、ここに「記憶と忘却について。〔方法の第一部の〕結論」という見出しを挿入している。

＊72　多くの訳者がそうしているように、NSに従って訳した。OPのテクストでは「知性の認識とその諸力に役立ちうること」となっている。

＊73　「共通感覚もまた、外部感覚からして物体の助けを借らずにただ自体だけで到来するところのこれら形または観念をば、あたかも印章が蠟に印するごとくに、想像または想像力（phantasia vel imaginatio）の中へ印象づける働きをする、と考うべきである。そして、この想像は、現実の身体部分で

あって、それのさまざまな部分は、互いに区別された多くの形を受け容れるだけの大きさをもっており、通常それらの形を長く把持する——この時それは記憶と呼ばれる——と考うべきである」（デカルト『規則論』規則一二。AT-X, 414 ＝デカルト 一九七四、七五頁（野田訳を引用））。また、この箇所に付された野田による以下の訳注も参照。「〔…〕「共通感覚」とは、例えば白くて甘いものの知覚のためには、眼と舌とで感ずるだけでは足りず白さと甘さとの統一の知覚が必要である、という理由で、アリストテレス以来想定されている。〔…〕共通感覚のとらえた「形」を保存し記憶する働きかつ器官が「想像」とよばれるものである。このとき共通感覚が印章にあたり想像はその印刻をうける蠟板のように考えられている。／このような考えはデカルトがラフレーシ学院で教えられたスコラ哲学の伝統から出ている。〔…〕しかしながら、後のデカルトは、共通感覚と想像とを上のように二つに分けず、一つのものと考えることになる。例えば「省察」第二の「密蠟《ママ》の一片」の条には「いわゆる共通感覚すなわち想像の能力」とある。脳についていえば「松果腺」はさきの意味での共通感覚と想像とを兼ねているとみとめられる」（同書、一四七—一四八頁）。なお、外部感覚経由で形（figura）あるいは形象（species）が受けとられ、それが共通感覚に伝わり、さらに想像（phantasia）に引き渡される、という図式は、ホッブズ『リヴァイアサン』第二章にも見られる。また、デカルト『省察』「第六省察」では、脳の「微小な一部分、すなわちそこに共通感覚があると言われる部分」が言及されている（AT-VII, 86 ＝デカルト 一九九三a、一〇八頁。訳文を変更）。さらに、アリストテレスの「共通感覚」の用例やデカルトの他の著作での用例については、佐藤の訳注に詳しい（スピノザ 二〇一八、三二一—三二二頁、注(200)）。

＊74 ウルフソンは「想起（reminiscentia）」が「中世ラテンでは記憶（memory）とは区別される思い起こすこと（recollection）という意味で用いられる」と指摘し、想起が「連続的な経験ではなく、そしてそれゆえ時間あるいは持続の意識と結びついていない」という点で記憶とはことなるという、中世アラビアの哲学者アヴェロエス（一一二六—九八年）の用例を引き合いに出している（Wolfson 1962, Vol. 2, pp. 88-89)。また、ルッセによれば、「スピノザはここでほとんど原文どおりに、想起についてのアリストテレスの理論に依拠している」(Spinoza 1992, p. 355)。

＊75 ミシェル・ベイサッドは、『短論文』第二部第二六章（スピノザ二〇一八、二五六―二五八頁、スピノザ二〇二三a、一四四―一四六頁）、ならびに『エチカ』第五部定理二三備考への参照を促している(Spinoza 2009, p. 152, n. 131)。

＊76 「(言ってみれば)」という挿入句の位置は、OPでは「たまさか(fortuitis)」にかかるものとして読めるが、ゲプハルト版やそれに従う畠中の訳では「脈絡を欠いた(solutis)」という形容詞の直前に移されている(Geb-II, 32, スピノザ一九六八、六九頁)。

＊77 この点にかんして、畠中は「『短論文』においては理解は受動にすぎなかった（二部十五章及び十六章）が、『改善論』ではそれが純然たる能動になり、受動なのはただ表象の範囲にのみ限られた」という注を付している（スピノザ一九六八、一〇二頁）。

＊78 [B19 = A10] では「行き当たりばったりの経験」が「すなわち知性によって規定されることのない経験」と言いかえられていた。

＊79 「というのも」からはじまるこの一文はNSには欠けており、その代わりこの節の末尾に、この一文に相当する文が置かれている。その文には「表象がただ「行き当たりばったり」であるだけでなく、「意識されない」ものでもあること、そして魂が「全面的に」はたらきを被る」一点が付け加えられている(Cf. Spinoza 1985, p. 37, n. 62)。

＊80 [B41]、[B61]（原注（a））、および [B63] ～ [B64] 参照。なお、「対象的諸結果が魂において」進展していくという事態については、前提からその諸帰結が導き出される観念間の導出関係を考えればよい。また、「形相性」の原語は formalitas で、ここのほかには [B91 = A49] に登場する。

＊81 たとえば、アリストテレス『分析論後書』第一巻第二章冒頭「ある事柄Xについて〔…〕端的に知識

を持っているとわれわれが考えるのは、その事柄Xがそれを通じてそうある原因Yを、その事柄Xの原因であり、その事柄Xは他のようではありえないと認識していると考えるときである」（アリストテレス 二〇一四、三四二頁）。『自然学』第二巻第三章冒頭「〔…〕われわれは、それぞれのものについて「なぜ」ということを取り押さえること（それは第一の原因を取り押さえることにほかならない）があってはじめてそれぞれのものを知りえたと思うものであるからには〔…〕」（アリストテレス 二〇一七、八二頁）。

＊82　原語は automa spirituale. 諸家と同様に automaton として読む。「自動機械」は、精神がそれ固有の諸法則に従って作動することを示す表現と理解できるが、おのれが従っているメカニズムを理解していない自動機械（[B48] 参照）と区別すべく、「精神的」という形容詞が付されたと考えられる。なお、この対立にかんして、プラトンの『ソピステス』第四九節における「エレアからの客人」の発言に、すでにその原型のようなものが見える。「自然が〔…〕ひとりでに働いて思考なしにものを生じさせるような何らかの原因によって、産み出すのだという考えだ。それともわれわれは、それらのものを産み出す原因は、神に由来する神的な原因であり、理と知識を伴ったものであると主張すべきだろうか？」（プラトン 一九七六、一五九頁）

＊83　本書で「表象（のはたらき）」と訳した imaginatio が複数形で登場するのはこの箇所だけである。その内実としては、ルッセも指摘しているように、行き当たりばったりの経験や伝聞などの複数の知得様式（[B19 = A10] 参照）が念頭に置かれていると理解するのが妥当であろう（Spinoza 1992, p. 365）。

＊84　ＯＰの distinguuntur を接続法に修正し、「延長は有限でなければならないとか、その諸部分は相互に事象的に区別されるとか」と読む読み方も提案されている（スピノザ 二〇一八、三二三頁、注(207)参照）。畠中もこのように訳しているが、テクストにかんする注を付していない（スピノザ 一九六八、七〇頁）。

＊85　このあたりの議論の流れを見ると、延長は知性によって知解される一方で、表象によってもとらえら

れることが含意されており、だからこそ知性のはたらきと表象のはたらきを十分に区別しなければ、延長の真のありようをとらえそこなってしまうとされるのだと考えられる。延長について、知性による理解と表象による把握を区別すべきという論点は、『エチカ』第一部定理一五備考、書簡一二にも見られる。

＊86　具体的には、何らかのことばを読んだり聞いたりすることから脈絡のない連想がかき立てられる、といったようなことを考えればよいと思われる。また、『エチカ』第二部定理四九備考も参照。

＊87　［B19＝A10］の「I」参照。ベーコンの「市場のイドラ」が強く想起される。「人間は会話によって社会的に結合されるが、ことばは民衆の理解力にもとづいて〔事物に〕つけられる。したがって、ことばの悪しくかつ不適当な定め方は、驚くべき仕方で知性のさまたげをする。学者たちが或る場合に自分を防ぎ、かつ守るのを常とするときに使う定義や説明も、決して事態を回復しはしない。ことばは確かに知性に無理を加え、すべてを混乱させる、そして人々を空虚で数知れぬ論争や虚構へと連れ去るのである」（『ノヴム・オルガヌム』アフォリズム第一巻第四三節。ベーコン一九七八、八五頁。訳文を変更）。

＊88　「私たちは多くのものを肯定し」からここまでは、NSでは注になっている。アピューンは、この箇所が「おそらくテクストに事後的に付加された注」であると推定している（Spinoza 1964, p. 211）。ミニーニは、実際にこの箇所を注に変更している（Spinoza 2009, p. 120; Spinoza 2007 (2009), p. 60）。なお、NSでは、ここで改行されていない。

〔方法の第二部〕

＊1　ブルーダー版では、ここに「方法の第二部。ものを知解する二つの様式について」という見出しが挿入されている。

＊2　［B84＝A45］参照。つまり、表象に起因する観念。

＊3　［B42］、［B85＝A46］参照。

＊4　究極目的については［B13］、［B14］、求められる知得様式については［B19 = A10］、［B29 = A25］参照。

＊5　「自己原因」にかかわる「それ自身に拠って（a se）」存在するものをめぐって、デカルトは『省察』への反論者たちが、この表現を消極的にのみ理解している点を非難する。「或るものが「それ自身に拠って」在ると彼らが言うとき、それがいかなる原因ももたない、という意味で彼らは知解している」（「第一答弁」。AT-VII, 110 =デカルト 一九九三a、一三七頁。訳文を変更）。これに対して、デカルト自身は、この表現の積極的な意味を主張する。「私たちが神はそれ自身に拠って在ると言う場合には、私たちは確かにまたそれを消極的に、すなわちその意味はたんに、神にはいかなる原因もないということとして知解することもできる。しかし〔…〕神の観念のうちに含まれる広大無辺で包括的に理解することのできない力能〔…〕が、なぜ神が存在に固執し続けてきたのかということの原因であって、それ以外には原因はありえないということになれば、私たちはもはや消極的にではなく、あたうかぎり積極的に、神がそれ自身に拠って在る、と言う」（同。AT-VII, 110 =同書、一三八頁。訳文を変更）。こうした背景を踏まえたうえでこの箇所の表現、および［B70］、［B97 = A54］の表現を見るかぎり、ゲルーも言うように、『知性改善論』では自己原因は原因をもたずに存在するものとして（消極的に）理解されているように思われる。ところが、『エチカ』では、この消極的な規定が消えることになる（Gueroult 1968, pp. 59-60, 172-173）。

＊6　OPでは axiomatis（単数・属格）だが、ゲプハルトの校訂を容れ、axiomatibus（複数・奪格）で読む（Geb-II, 34）。

＊7　原文は“... in modo eas inveniendi”となっており、代名詞の eas はそのかたちから見れば定義の「諸条件」を受けているはずだが、そうなると「よい定義の諸条件を認識すること、次いでその諸条件を発見する様式」となり、文意が通らなくなる。訳者としては、文法的には無理があるが、「定義」を受け

ていると考える（秋保二〇一九、八八―八九頁、注（39）参照）。

＊8　NSでは、ここで改行されていない。

＊9　ブルーダー版では、ここに「定義の諸条件について」という見出しが挿入されている。

＊10　[B19＝A10] の原注（f）では、固有性（proprium）と特殊的本質が対比されていた。

＊11　原語はentia rationis（単数形はens rationis）。私たちの思考のうちにのみ存在するが、しかしキマイラのようにその本性が矛盾を含むものではなく、幾何学的図形のように理性によって理解されるもの、という程度に解すればよい。「形而上学的思想」第一部第一章では、「知解されたことがらをより容易に記憶にとどめ、説明し、また表象するのに役立つ思考の様態」という規定が与えられている（Geb-I, 233＝スピノザ一九五九、一六一頁。訳文を変更。またスピノザ二〇二三b、一五四頁）。

＊12　[B91＝A49] 参照。

＊13　[B92＝A50] 参照。

＊14　ホッブズ『物体論』第六章第一三節「原因を持つことができると解される物事の名称は、定義のうちに原因そのものかもしくは発生の仕方を含み持っていなければならない。たとえば円が、平面上での直線の回転によって生じた図形であると定義される場合などがそうである」（ホッブズ二〇一五、一〇三頁）。同書、第一章第五節（同書、一九―二〇頁）も参照。

＊15　原文は“quoad mentem”。「その語彙によって表現されることがらの実質を踏まえるなら」という程度の意味で理解すればよいと思われる。

＊16　『短論文』第一部第一章［九］の原注（スピノザ二〇一八、八七頁、スピノザ二〇二三a、二〇頁）、第一部第三章［二］の原注（スピノザ二〇一八、一一一頁、スピノザ二〇二三a、四〇頁）参照。

＊17　[B93] 参照。

＊18　原語はspecialisの比較級であるが、この形容詞は『エチカ』では一度も使われない。

＊19 ブルーダー版は、ここに「永遠なるものどもを認識する諸々の手段について」という見出しを挿入している。

＊20 ［B42］参照。

＊21 原語は rerum singularium mutabilium. ギャビーは一七世紀のスコラ学者ゴクレニウス（一五四七―一六二八年）の用例を挙げており（*Lexicon philosophicum*, 1613）、それによれば mutabilis の語根である mutatio は生成消滅や状態変化などの広い意味をもつとされている（Gabbey 2008, p. 51, n. 13）。

＊22 「確固として永遠なるものども（res fixae aeternaeque）」（この表現は『知性改善論』においてつねに複数形で現れる）については、これが『知性改善論』にしか登場しない概念であり、かつ本書が未完に終わり、スピノザ自身による説明がきわめて乏しいため、様々な解釈が提示されており、見解の一致を見ていない状況にある。とはいえ、『短論文』における「普遍的な所産的自然」（第一部第八章および第九章）や、『エチカ』における「無限様態」（『エチカ』第一部定理二一～二三、および定理二八備考）との関連が濃厚である。詳しくは、秋保 二〇一九、七七―八一頁、および九〇―九一頁、注（52）、（53）を参照されたい。

＊23 この「非力さ（imbecillitas）」という表現は、すでに［B13］で登場していた。

＊24 原語は circumstantias. ギャビーは、ゴクレニウスによるこの語の説明を引き、それが或る事物の本質を変化させることも、その本質にぞくすることもなく、たんに外在的な関係にあるものを示している、と整理している（Gabbey 2008, p. 51, n. 14）。

＊25 ［B65］、［B67］参照。

＊26 原語は ordo existendi. ミシェル・ベイサッド訳を参考にした（Spinoza 2009, p. 127）。

＊27 原語は essentialiter. この語は『エチカ』には登場せず、本書でもここが唯一の使用箇所である。

＊28 『短論文』では、スコラ哲学の類種概念による定義の議論が批判される（第一部第七章［九］、第二部

序言［五］、それぞれスピノザ 二〇一八、一二七頁、一四〇―一四一頁、またスピノザ 二〇二三a、五四―五五、六〇頁）一方で、「様態」の定義について、「様態」は「属性」がその「類」であるかのように、属性を介して理解されるべきであるとも語られる（第一部第七章［一〇］、スピノザ 二〇一八、一二七―一二八頁、スピノザ 二〇二三a、五五頁）。

＊29 ［B101］参照。

＊30 アピューンによれば、ここまでの記述は「あとから付加された注記であるように見え」、また、このあとの文の冒頭にある「ここでは」が前節（［B102 = A58］）末尾近くの「この場にはふさわしくない」という表現に続くという（Spinoza 1964, p. 216）。畠中は、ＯＰとＮＳが同じような文構成になっていることを指摘したうえで、従来「重複と見られ」てきた［B102 = A58］と［B103 = A59］が、「意味上から言っても決して重複でない。なぜなら（一〇二）では一般的補助手段を云々しているのに対し、（一〇三）は特殊的帰納法的補助手段について語っているからである」と述べている（スピノザ 一九六八、一〇四頁）。なお、ＰＵＦ版のラテン語テクストでは、ここで改行され、次の文から第104節がはじめられているが、フランス語訳ではブルーダー版の段落のとおりになっている（Spiroza 2009, pp. 128-129）。

＊31 ＮＳでは、ここで改行されていない。

＊32 ［B61］、［B49 = A32］参照。

＊33 ＯＰでは feciliter となっているが、たんなる誤植と思われるため、多くの校訂者に倣って feliciter（首尾よく）と読む。

＊34 ＮＳに依拠したテクスト校訂を行っているゲプハルトおよびミニーニのテクストに従う（“Nam ex nullo alio fundamento cogitationes nostrae determinari queunt” (Geb-II, 38, Spinoza 2009, pp. 128, 130)）。ＯＰでは “Nam ex nullo fundamento cogitationes nostrae terminari queunt”. ポートラは、ためらいつつもＯＰのテクストに依拠し、「というのも、基礎がなければ私たちの思考は終止してしまい

うるから」と訳している（Spinoza 2016, p. 153, pp. 174-176, n. 11; Spinoza 2022, p. 41, pp. 1505-1506, n. 29, p. 1529)。デ・ダインは、ゲプハルト（と彼に従うカーリー）の校訂は不必要であると述べたうえで、ＯＰに依拠しつつ「私たちの思考に終止符を打つことのできる基礎はない」と訳している（De Dijn 1996, p. 181)。アピューンは、terminari ではなく determinari と読み、さらに否定を付け加えて、「基礎〔原理〕なしには私たちの思考は規定されえない」と読む（Spinoza 1964, p. 216)。以上の問題については、佐藤の訳注が詳しい（スピノザ 二〇一八、三二六—三二八頁、注 (232)）。

＊35　ＮＳでは、ここで改行されていない。

＊36　ブルーダー版では、ここに「知性の力とその諸特質について」という見出しが挿入されている。

＊37　［B71］～［B73］参照。

＊38　原文は “earum natura”. 文法的には「諸特質の本性」ととらざるをえない。

＊39　ＯＰのテクストに従う。ＯＰでは “Ideam enim quantitatis, si eam per causam percipit, tum quantitatem determinat” となっているが、ゲプハルトはＮＳのテクストにもとづいて “Ideam enim quantitatis si per causam percipit, tum eam per quantitatem determinat” に校訂する（Geb-II, 39)。畠中は、これを受けて「例えば知性が量の観念を原因によって知覚するなら、知性はそれを量を通じて限定しているのである」と訳している（スピノザ 一九六八、八四頁)。

＊40　［B89］、［B98 = A56］参照。

＊41　原文は “numero infinito”. 数による限定なしに、という意味か。

＊42　原文は “cum autem res imaginatur”. 直訳すれば「他方で〔知性が〕ものどもを表象する場合には」。このように動詞 imaginatur の主語は「知性」としか考えられないため、文意を勘案して訳出した。

＊43　ＮＳでは、ここで改行されていない。

＊44　『短論文』第二部第二章［四］（スピノザ 二〇一八、一四六頁、スピノザ 二〇二三a、六九—七〇

頁)、『エチカ』第二部公理三参照。

＊45 ［B62＝A39］～［B70］および［B73］参照。

＊46 この「共通な或るもの」の規定と、『エチカ』第二部定義二の類似と相違については、秋保 二〇一九、七六―七七頁参照。

文献一覧

スピノザのテクスト

Spinoza 1677 (2008), *Opera posthuma* (Amsterdam, 1677), riproduzione fotografica integrale, a cura di Pina Totaro, prefazione di Filippo Mignini, Macerata: Quodlibet, 2008.（ラテン語版『遺稿集』（ＯＰ））

—— 1677, *De Nagelate Schriften van B. D. S. Als Zedekunst, Staatkunde, Verbetering van 't Verstant, Brieven en Antwoorden. Uit verscheide Talen in de Nederlandsche gebragt*, Amsterdam.（オランダ語訳『遺稿集』（ＮＳ））

—— 1843-46, *Opera quae supersunt omnia*, ex editionibus principibus denuo edidit et praefatus est Carolus Hermannus Bruder, editio stereotypa, Lipsiae: Ex officina Bernhardi Tauchnitz.（ブルーダー版）

—— 1925, *Opera*, im Auftrag der Heidelberger Akademie der Wissenschaften, herausgegeben von Carl Gebhardt, Heidelberg: Carl Winters Universitätsbuchhandlung.（ゲプハルト版（Geb））

—— 1954, *Œuvres complètes*, texte nouvellement traduit ou revu, présenté et annoté par Roland Caillois, Madeleine Francès et Robert Misrahi, Paris: Gallimard (Bibliothèque de la

Pléiade).
—— 1964, *Œuvres*, tome 1, traduction et notes par Charles Appuhn, Paris: Garnier-Flammarion. (アピューン版)
—— 1985, *The Collected Works of Spinoza*, Vol. 1, edited and translated by Edwin Curley, Princeton, N. J.: Princeton University Press.
—— 1992, *Traité de la réforme de l'entendement*, etablissement du texte, traduction, introduction et commentaires par Bernard Rousset, Paris: J. Vrin.
—— 1994, *Traité de la réforme de l'entendement*, texte, traduction et notes par A. Koyré, 5e éd., Paris: J. Vrin.
—— 1999, *Traité théologico-politique*, texte établi par Fokke Akkerman, traduction et notes par Jacqueline Lagrée et Pierre-François Moreau, in *Œuvres*, édition publiée sous la direction de Pierre-François Moreau, tome 3, Paris: Presses Universitaires de France.
—— 2003, *Traité de la réforme de l'entendement et de la meilleure voie à suivre pour parvenir à la vraie connaissance des choses*, introduction, traduction et commentaires par André Lécrivain, Paris: GF Flammarion.
—— 2007 (2009), *Opere*, a cura e con un saggio introduttivo di Filippo Mignini, traduzioni e note di Filippo Mignini e Omero Proietti (Milano: A. Mondadori, 2007), 3 ed., 2009.
—— 2009, *Œuvres*, édition publiée sous la direction de Pierre-François Moreau, tome 1: *Premiers écrits*, Paris: Presses Universitaires de France. (ＰＵＦ版)

―― 2016, *Traité de l'amendement de l'intellect*, traduit du latin par Bernard Pautrat, Paris: Allia.（ポートラ版）

―― 2022, *Œuvres complètes*, édition publiée sous la direction de Bernard Pautrat, avec la collaboration de Dan Arbib, Frédéric de Buzon, Denis Kambouchner, Peter Nahon, Catherine Secretan et Fabrice Zagury, Paris: Gallimard (Bibliothèque de la Pléiade).

スピノザ 一九五八『スピノザ往復書簡集』畠中尚志訳、岩波書店（岩波文庫）。

―― 一九五九『デカルトの哲学原理　附 形而上学的思想』畠中尚志訳、岩波書店（岩波文庫）。

―― 一九六八『知性改善論』（改訳）、畠中尚志訳、岩波書店（岩波文庫）。

―― 二〇一四『神学・政治論』（全二冊）、吉田量彦訳、光文社（光文社古典新訳文庫）。

―― 二〇一八『知性改善論　神、人間とそのさいわいについての短論文』佐藤一郎訳、みすず書房。

―― 二〇二三a『神、そして人間とその幸福についての短論文』上野修訳、『スピノザ全集』第V巻、岩波書店。

―― 二〇二三b『デカルトの哲学原理 付録として 形而上学的思想』平松希伊子・鈴木泉訳、『スピノザ全集』第I巻、岩波書店。

邦訳文献

アリストテレス 二〇一四『分析論後書』高橋久一郎訳、『アリストテレス全集』第二巻、岩波書店。

―― 二〇一七『自然学』内山勝利訳、『アリストテレス全集』第四巻、岩波書店。

アルノー、アントワーヌ＋ピエール・ニコル 二〇二一『ポール・ロワイヤル論理学』山田弘明・小沢明也訳、法政大学出版局。

オウィディウス 一九八一―八四『変身物語』（全二冊）、中村善也訳、岩波書店（岩波文庫）。

『初期ストア派断片集1』中川純男訳、京都大学学術出版会（西洋古典叢書）、二〇〇〇年。

『初期ストア派断片集2』水落健治・山口義久訳、京都大学学術出版会（西洋古典叢書）、二〇〇二年。

セネカ 二〇〇五『倫理書簡集I』高橋宏幸・大芝芳弘訳、『セネカ哲学全集』第五巻、岩波書店。

ディオゲネス・ラエルティオス 一九八四―九四『ギリシア哲学者列伝』（全三冊）、加来彰俊訳、岩波書店（岩波文庫）。

デカルト 一九七四『精神指導の規則』（改訳）、野田又夫訳、岩波書店（岩波文庫）。

―― 一九九三a『省察および反論と答弁』所雄章・宮内久光・福居純・廣田昌義・増永洋三・河西章訳、『増補版 デカルト著作集』第二巻、白水社。

―― 一九九三b「ビュルマンとの対話」三宅徳嘉・中野重伸訳、『増補版 デカルト著作集』第四巻、白水社。

―― 二〇一六『デカルト全書簡集』第四巻、大西克智・津崎良典・三浦伸夫・武田裕紀・中澤聡・石田隆太・鈴木泉訳、知泉書館。

プラトン 一九七六『ソピステス』藤沢令夫訳、『プラトン全集』第三巻、岩波書店。

ベーコン 一九七八『ノヴム・オルガヌム（新機関）』桂寿一訳、岩波書店（岩波文庫）。

ホッブズ 二〇一五『物体論』本田裕志訳、京都大学学術出版会（近代社会思想コレクション）。

ホメロス 一九九二『イリアス』（全二冊）、松平千秋訳、岩波書店（岩波文庫）。

外国語文献

De Dijn, Herman 1996, *Spinoza: The Way to Wisdom*, West Lafayette, Ind.: Purdue University Press.

Descartes, René 1964-74 (1996), *Œuvres de Descartes*, publiées par Charles Adam et Paul Tannery, nouvelle présentation, 11 tomes (en 13 volumes) (Paris: Vrin / CNRS, 1964-74), rééd., 1996.（アダン&タヌリ版（AT））

Gabbey, Alan 2008, “Spinoza, Infinite Modes and the Infinitive Mood”, *Studia Spinozana*, Vol. 16, pp. 41-66.

Gueroult, Martial 1968, *Spinoza I-Dieu*, Hildesheim: Georg Olms.

—— 1974, *Spinoza II-L’âme*, Paris: Aubier.

Joachim, Harold H. 1940 (1958), *Spinoza’s Tractatus de intellectus emendatione* (Oxford: Clarendon Press, 1940), 1958 (repr.).

Wolfson, Harry Austryn 1962, *The Philosophy of Spinoza: Unfolding the Latent Processes of His Reasoning*, 2 vols., Cambridge, Mass.: Harvard University Press.

日本語文献

秋保亘 二〇一九『スピノザ――力の存在論と生の哲学』法政大学出版局。

訳者解説

「知性の改善」についての論考は、その文体と〔そこに含まれる〕諸概念が示すように、私たちの哲学者の初期の仕事のひとつである。そこにおいて論じられることがらの価値の高さ、およびそこで定められている目標の大いなる有用性――すなわち、ものどもについての真なる認識に向かう、きわめて容易かつきわめて平坦な途を知性に対して開くこと――が、それを完成にまでもたらすべく、つねに著者を駆り立てていた。ところが、その仕事の重み、〔それに求められる〕深い省察、およびその仕事の完成に求められていたことがらについての幅広い学知が彼の歩みを遅くしてしまい、もってこの仕事が完成にもたらされなかった原因ともなり、また〔この論考の〕あちこちで何かが欠けるゆえんにもなったのである。というのも、著者自身が付加した諸々の注解でしばしば述べられているように、彼が論じていることは、彼の哲学においてであれ別のところにおいてであれ、より詳細に証明されるべきであり、あるいはより敷衍したかたちで説明されるべきだからである。

ラテン語版『遺稿集（*Opera posthuma*）』の編者たちによる『遺稿集』全体への序文の一節である。以下では、大まかにこの一節の流れにそくしながら、『知性改善論』を読み解いていくさいに、その背景として最低限知っておいたほうがよい、いくつかの事情を紹介していこう。

成立時期

「私たちの哲学者」とは、もちろん、オランダで生まれ、育ち、そして亡くなった、一七世紀を代表する哲学者バールーフ・デ・スピノザ（一六三二―七七年）のことである。彼の「初期の仕事のひとつ」であり、彼が亡くなった年に刊行された『遺稿集』によってはじめて世に問われた作品が、本書『知性改善論』にほかならない。

「初期」とは具体的にはいつ頃のことなのか。本書の成立時期については、それを明示する資料が発見されていないため、研究者のあいだでも議論が絶えない。さらに、「初期」にぞくする作品としては他に、『遺稿集』に採録されず、一九世紀後半にようやく写本が発見された『神、人間および人間の幸福にかんする短論文』（以下『短論文』と表記）があるけれども、この二つの作品の前後関係もまた問題になるところである。

『短論文』と『知性改善論』の成立順序にかんしては、従来『短論文』がもっとも初期のスピノザの仕事だと考えられてきた。ところが、一九七九年の論文を皮切りに、イタリアの研究者フィリッポ・ミニーニによって、『知性改善論』のほうが『短論文』に先立つという仮説が提示された。スピノザ研究者のあいだでも、このミニーニの仮説に対する評価は確定しているとは言いがたい。しかし、少なくとも明確になったのは、『短論文』が先立つという従来の理解には正当な理由が欠けている、ということである。結局、この二つの著作の成立順序については、オランダ語でのみ残されている『短論文』とラテン語の『知性改善論』の文体比較が事実上不可能なこともあり、両著作で示される各論点にかんする思想内容上の距離を慎重に測ることによって検討していくほかあるまい。要するに未決の問題なのである。

とはいえ、『知性改善論』のみに話をしぼり、これまで示されてきた諸解釈を吟味したうえで、ここから外れるとは考えにくい執筆時期を示すなら、一六五六年後半から六一年前半あたりになると思われる。これは、一六五四年三月に父を亡くし、弟とともに父の商売（主に食品をあつかう輸出入業）を引き継ぐも、一六五六年七月にアムステルダムのユダヤ人共同体から破門されてしまうスピノザが、神や無限なる属性としての思考と延長について語り、また心身の合一やデカルトとベーコンの哲学についての独自の見解をもつ哲学者としての地位をすでに得ている一六六一年八月（書簡一）までの時期に該当する。そう考えると、二〇代の前半から後半にかけて、ひとりの若者が哲学者になっていく時期に書かれた著作が本書『知性改善論』だと言えるだろう（ついでに断っておけば、『知性改善論』も『短論文』もともに段階的に作成されたとする解釈や、『知性改善論』には後年スピノザ自身がいくつかの修正や加筆を施したのではないかという理解もあり、そうなると成立時期の確定はさらに困難となる)。

著作のねらい

そう思ってみれば、本書の冒頭部([B1 = A1]~[B11 = A4])に事業の不首尾や破門の痕跡など、スピノザのリアルな経験を読み込もうとする解釈があることもうなずける。しかし、他方で、ここにはスピノザの実体験を読み込むべきではなく、むしろ人間一般に起こりうる、いわば実存的な危機が描かれているのだとする理解もある。

自伝的か否かという点は争うべき論点ではあるまい。それよりもむしろ、生と哲学的探究が不可分であること、この点をこそ読みとるべきだろう。『エチカ』すなわち倫理学の著者スピノザは、若い頃から生と哲学の一体性を思考しようとしていた。いずれにせよ、本書冒頭部がとりわけて多くの解釈を生み出しているとても魅力的なテクストであることは間違いない。

スピノザの思想全体における『知性改善論』の位置づけについては、本書が『エチカ』への方法論的導入として企図されたとする解釈が支配的である。つまり、「精神が正しく歩み出すために踏み込むべき最初の途」として、「何であれ与えられた真の観念の規範にのっとって、確実な諸規則に従って探究し続け」、それを踏まえて「できるだけ速やかに」「最高完全な存在者の観念」に至ることを目指す行程が（［B49 = A32］）、『エチカ』第一部冒頭の「神」の実在証明への途行きに直結する、という理解である。原注（k）（［B31］）などに見える「私の哲学」という表現は『エチカ』を指す、というわけである。これに対して、ミニーニは『知性改善論』はむしろ『短論文』への導入なのだとする理解を提示している。このように、『知性改善論』の位置づけについてもまた、この著作が未完のままに残されたこともあり（この点はのちに確認する）、解釈上の決着は得られていない。

この著作が想定している読者は、どのような人々だろうか。この点をわずかばかり検討することで、『知性改善論』に固有の性格を部分的にでも浮き彫りにしてみよう。

この著作のあちこちに、ベーコンやデカルトといった、当時のいわゆる「新哲学」にぞくする人々を彷彿とさせる議論やモチーフが登場する（たとえば［B30 = A26］、［B31］あたりの方法と道具の類比）。しかも、彼らの議論をたんになぞるのではなく、彼らのモチーフを使いつつも、結果的にスピノザ自身と彼らの思想の差異が浮かび上がってくるような議論の進め方が意図されているように見える。そうだとすれば、スピノザがこの著作で念頭に置いている読者は、ベーコンやデカルトの哲学に親しんだ人々であり、またこの著作固有の性格としては、こうした人々にも理解可能な仕方で、ベーコン的でもデカルト的でもないスピノザ独自の思想の領野に読者を招き入れ、さらにその領野を実際に歩ませるという性格を考えることができるだろう。

未完の著作

先に引用した『遺稿集』全体への序文、ならびに本書巻頭に置かれた編者たちによる注記にも記されているように、『知性改善論』は未完の著作である。そして、スピノザは「それを完成にまでもたらすべく、つねに」駆り立てられていたという。スピノザ自身の晩年の書簡には、本書の主題になっている方法にかんすることについて、「まだ順序立てて書いてはいない」という吐露が見える（書簡六〇）。では、なぜ結局のところ未完のまま残されてしまったのか。

『遺稿集』の編者たちは、その理由を時間のなさに帰している――スピノザが四五歳になるのを待たずに亡くなったことを考えれば、つまるところ、この点はそのとおりなのだろう。しかし、ほかにも、本書が含むという理論的な困難（この困難の内実についても様々な解釈がある）に未完の理由を求める解釈者もいれば、むしろ理論的な困難などなく、想定された読者たちに対する教育的な戦略の失敗こそが未完の理由だと主張する解釈者もいる。要するに、この点についてもまた解釈上の一致は得られていないのである。

本書の構成

仮構された観念や疑わしい観念の分析、あるいは定義論など、個々の論点にかんしては比較的平易な本書は、スピノザ哲学全体への入門書として親しまれてきた。しかしながら、ここまでの諸事情を踏まえてみると、解釈上の一致が見られていない場面が多く、実のところ本書は全体としてどのような意義を有しているのか見極めにくい、一筋縄ではいかないテクストなのである。しかし、こう結論してしまっては、あまりにもとりつく島がない。そこで、読者の読解の一助となるよう、次のような方向性を示してみたい。

精神と全自然との合一の認識、永遠無限なるものへの愛、揺るぎない幸福の追求など、主著『エチカ』のモチーフがはっきりと読みとれること、またスピノザがベーコンやデカルトなど先行する哲学者たちと自身の思想の差異を意識していることを踏まえるなら、私たちは本書を、自らの哲学が目指すところに自覚的な（三〇歳手前の）若き哲学者の作業現場として読み解いていくことができるだろう。スピノザの哲学の構築をその動態においてとらえること。より豊かな読解の可能性は、こちらの方向に探るべきであるように思われる。

もちろん、これもひとつの提案にすぎない。とはいえ、読者が不必要に迷うことのないように、一定の道標として本書の構成を以下に提示する。なお、この構成は、研究史の蓄積を踏まえて訳者なりに分節化したものである。目次代わりに参照してもらえれば幸いである。

[B1 = A1]～[B17]：導　入

[B1 = A1]：序　曲

［B2］〜［B11＝A4］：決断
［B12＝A5］〜［B13］：善・悪、完全・不完全——学の目的
［B14］〜［B16］：目的獲得へのプログラム
［B17］：生の暫定的規則

［B18＝A9］〜［B49＝A32］：方法の規定
［B18＝A9］〜［B24］：認識の諸様式
［B25］〜［B29＝A25］：認識の最上の様式
［B30＝A26］〜［B49］：最上の様式による認識の方法
［B30＝A26］〜［B32］：導入——方法探究のための方法の不要性
［B33＝A27］〜［B35］：真の観念・確実性
［B36］〜［B38］：方法の定義
［B39］〜［B42］：方法の諸部分、対象的本質と形相的本質の一致
［B43＝A29］〜［B48］：想定反論と答弁
［B49＝A32］：要約、および方法の一般的プラン

［B50＝A33］〜［B90］：方法の第一部——真の観念と他の諸知得の区別

- 〔B50＝A33〕～〔B51〕：第一部の課題
- 〔B52＝A34〕～〔B65〕：仮構された観念
  - 〔B52＝A34〕～〔B57＝A36〕：実在にかんする仮構、様相の議論
  - 〔B58＝A37〕～〔B64〕：本質にかかわる仮構
  - 〔B65〕：仮構された観念にかんする結論
- 〔B66＝A40〕～〔B76〕：偽なる観念
  - 〔B66＝A40〕：導入——仮構された観念との差異
  - 〔B67〕：実在にかんするもの
  - 〔B68〕：本質にかんするもの、単純性
  - 〔B69＝A41〕～〔B73〕：真理の形相、単純な観念
  - 〔B74＝A42〕～〔B76〕：表象と知性の混同、抽象の批判
- 〔B77＝A43〕～〔B80〕：疑わしい観念——懐疑論への応答
- 〔B81＝A44〕～〔B83〕：第一部の付録——記憶と忘却
- 〔B84＝A45〕～〔B90＝A48〕：第一部のまとめ——表象と知性の区別

〔B91＝A49〕～〔B110＝A72〕：方法の第二部——定義および導出

- 〔B91＝A49〕：明晰判然たる観念の形成、諸観念の順序づけ

［B92＝A50］：存在の二区分とそれに応じた認識様式
［B93］～［B97＝A54］：よい定義の諸条件
［B98＝A56］：個別性の認識の重要性
［B99＝A57］～［B110＝A72］：導出あるいは順序づけ
［B99＝A57］：一般的方向性
［B100］～［B101］：確固として永遠なるもの、
［B102＝A58］～［B103＝A59］：個別性の認識の困難と補助手段
［B104＝A60］～［B105］：思考および導出の基礎
［B106＝A61］～［B110＝A72］：知性の諸特質と力能

最後に

『知性改善論』の主な邦訳としては、岩波文庫の畠中尚志訳、みすず書房から出ている佐藤一郎訳がある（もちろん訳者はこれらのすぐれた訳業からも多くを学んでいる）。本訳書はまず、一般の読者も手にとりやすい文庫というかたちを考え、日本語として読みやすい訳を心がけたつもりである。しかし、思いのほか意訳が散見される畠中訳に対し、訳者はスピノザのラテン語原文の流れを可能なかぎり忠実に再現することを試みた。また、畠中訳ではブルーダー版の小見出しを採用し、結果的にブルーダーによる内容上の分節化を踏襲しているけれども、ラテン語版『遺稿集』にはもちろんこれらの小見出しは存在しない。本訳書は基本的にラテン語版『遺稿集』に依拠しているため、スピノザの死後すぐに出版されたこのテクストの雰囲気をより忠実に反映しているはずである（ブルーダー版の小見出しや分節化が本書の読解に与えるバイアスは無視しがたいものがあるように思われる）。加えて、本訳書は学術文庫にぞくするものでもあるため、あまりに細かくなりすぎないよう配慮しつつも、最近の国内外の研究を反映したテクスト校訂および訳注の付加を行っている。

まだスピノザ自身の著作に触れたことがないという読者は、比較的平易で短く、手にとりやすい本書をきっかけとして、ぜひスピノザとともに思考する途を歩んでみてほしい。

本訳書の成立にあたって、講談社編集部の互盛央さんにご尽力をいただいた。篤く拝謝する次第である。

二〇二三年九月

秋保　亘

KODANSHA

＊本書は、講談社学術文庫のための新訳です。

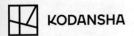

バールーフ・デ・スピノザ
1632-77年。ポルトガル系ユダヤ人として生まれたオランダの哲学者。代表作は『神学・政治論』,『エチカ』ほか。

秋保　亘（あきほ　わたる）
1985年生まれ。玉川大学講師。専門は，西洋近世哲学・現代フランス哲学。主な著書に『スピノザ　力の存在論と生の哲学』。主な訳書に，ライプニッツ『形而上学叙説』（共訳）。

講談社学術文庫

定価はカバーに表示してあります。

知性改善論《ちせいかいぜんろん》

バールーフ・デ・スピノザ

秋保《あきほ》　亘《わたる》 訳

2023年12月７日　第１刷発行

発行者　髙橋明男
発行所　株式会社講談社
東京都文京区音羽 2-12-21 〒112-8001
電話　編集（03）5395-3512
販売（03）5395-4415
業務（03）5395-3615
装　幀　蟹江征治
印　刷　株式会社新藤慶昌堂
製　本　株式会社国宝社

ISBN978-4-06-534276-3

「講談社学術文庫」の刊行に当たって

これは、学術をポケットに入れることをモットーとして生まれた文庫である。学術は少年の心を養い、成年の心を満たす。その学術がポケットにはいる形で、万人のものになることは、生涯教育をうたう現代の理想である。

こうした考え方は、学術を巨大な城のように見る世間の常識に反するかもしれない。また、一部の人たちからは、学術の権威をおとすものと非難されるかもしれない。しかし、それはいずれも学術の新しい在り方を解しないものといわざるをえない。

学術は、まず魔術への挑戦から始まった。やがて、いわゆる常識をつぎつぎに改めていった。学術の権威は、幾百年、幾千年にわたる、苦しい戦いの成果である。こうしてきずきあげられた城が、一見して近づきがたいものにうつるのは、そのためである。しかし、学術の権威を、その形の上だけで判断してはならない。その生成のあとをかえりみれば、その根は常に人々の生活の中にあった。学術が大きな力たりうるのはそのためであって、生活をはなれた学術は、どこにもない。

開かれた社会といわれる現代にとって、これはまったく自明である。生活と学術との間に、もし距離があるとすれば、何をおいてもこれを埋めねばならない。もしこの距離が形の上の迷信からきているとすれば、その迷信をうち破らねばならぬ。

学術文庫は、内外の迷信を打破し、学術のために新しい天地をひらく意図をもって生まれた。文庫という小さい形と、学術という壮大な城とが、完全に両立するためには、なおいくらかの時を必要とするであろう。しかし、学術をポケットにした社会が、人間の生活にとってより豊かな社会であることは、たしかである。そうした社会の実現のために、文庫の世界に新しいジャンルを加えることができれば幸いである。

一九七六年六月

野間省一

西洋の古典

2502・2503
世界史の哲学講義　ベルリン 1822/23年（上）（下）
G・W・F・ヘーゲル著／伊坂青司訳

一八二二年から没年（一八三一年）まで行われた講義のうち初年度を再現。上巻は序論「世界史の概念」から本論第一部「東洋世界」を、下巻は第二部「ギリシア世界」から第四部「ゲルマン世界」をそれぞれ収録。電P

2504
小学生のための正書法辞典
ルートヴィヒ・ヴィトゲンシュタイン著／丘沢静也・荻原耕平訳

ヴィトゲンシュタインが生前に刊行した著書は、たった二冊。一冊は『論理哲学論考』、そして教員生活を送っていた一九二六年に書かれた本書である。長らく未訳のままだった幻の書、ついに全訳が完成。電P

2505
言語と行為　いかにして言葉でものごとを行うか
J・L・オースティン著／飯野勝己訳

言葉は事実を記述するだけではない。言葉を語ることがそのまま行為をすることになる場合がある――「確認的」と「遂行的」の区別を提示し、「言語行為論」の誕生を告げる記念碑的著作、初の文庫版での新訳。電P

2506
老年について　友情について
キケロー著／大西英文訳

偉大な思想家にして弁論家、そして政治家でもあった古代ローマの巨人キケロー。その最晩年に遺された著作のうち、もっとも人気のある二つの対話篇。生きる知恵を今に伝える珠玉の古典を一冊で読める新訳。電P

2507
技術とは何だろうか　三つの講演
マルティン・ハイデガー著／森　一郎編訳

第二次大戦後、一九五〇年代に行われたテクノロジーをめぐる講演のうち代表的な三篇「物」、「建てること、住むこと、考えること」、「技術とは何だろうか」を新訳で収録する。技術に翻弄される現代に必須の一冊。電P

2508
閨房の哲学
マルキ・ド・サド著／秋吉良人訳

数々のスキャンダルによって入獄と脱獄を繰り返し、人生の三分の一以上を監獄で過ごしたサドのエッセンスが本書には盛り込まれている。第一級の研究者がついに手がけた「最初の一冊」に最適の決定版新訳。電P

西洋の古典

2509
物質と記憶
アンリ・ベルクソン著／杉山直樹訳

フランスを代表する哲学者の主著――その新訳を第一級の研究者が満を持して送り出す。簡にして要を得た訳者解説を収録した文字どおりの「決定版」である本書は、ベルクソンを読む人の新たな出発点となる。電P

2519
科学者と世界平和
アルバート・アインシュタイン著／井上　健訳（解説・佐藤優／筒井　泉）

ソビエトの科学者との戦争と平和をめぐる対話「科学者と世界平和」。時空の基本概念から相対性理論の着想、統一場理論への構想まで記した「物理学と実在」。平和と物理学、それぞれに統一理論はあるのか？電P

2526
中世都市
社会経済史的試論
アンリ・ピレンヌ著／佐々木克巳訳（解説・大月康弘）

「ヨーロッパの生成」を中心テーマに据え、二十世紀を代表する歴史家となったピレンヌ不朽の名著。地中海を囲む古代ローマ世界はゲルマン侵入とイスラーム勢力によっていかなる変容を遂げたのかを活写する。電P

2561
箴言集
ラ・ロシュフコー著／武藤剛史訳（解説・鹿島茂）

十七世紀フランスの激動を生き抜いたモラリストが、人間の本性を見事に言い表した「箴言」の数々。鋭敏な人間洞察と強靱な精神、ユーモアに満ちた短文が、自然に読める新訳で、現代の私たちに突き刺さる！電P

2562・2563
国富論（上）（下）
アダム・スミス著／高　哲男訳

スミスの最重要著作の新訳。「見えざる手」による自由放任を推奨するだけの本ではない。分業、貨幣、利子、貿易、軍備、インフラ整備、税金、公債など、経済の根本問題を問う近代経済学のバイブルである。電P

2564
ペルシア人の手紙
シャルル＝ルイ・ド・モンテスキュー著／田口卓臣訳

二人のペルシア貴族がヨーロッパを旅してパリに滞在している間、世界各地の知人たちとやり取りした虚構の書簡集。刊行（一七二一年）直後から大反響を巻き起こした異形の書、気鋭の研究者による画期的新訳。電P

西洋の古典

2566

全体性と無限

エマニュエル・レヴィナス著／藤岡俊博訳

特異な哲学者の燦然と輝く主著、気鋭の研究者による渾身の新訳。二種を数える既訳を凌駕するべく、原書のあらゆる版を参照し、訳語も再検討しながら臨む。次代に受け継がれるスタンダードがここにある。

電P

2568

イマジネール　想像力の現象学的心理学

ジャン＝ポール・サルトル著／澤田　直・水野浩二訳

「イメージ」と「想像力」をめぐる豊饒なる考察――ブランショ、レヴィナス、ロラン・バルト、ドゥルーズなどの幾多の思想家に刺激を与え続けてきた一九四〇年刊の重要著作を第一級の研究者が渾身の新訳！

電P

2569

ルイ・ボナパルトのブリュメール18日

カール・マルクス著／丘沢静也訳

一八四八年の二月革命から三年後のクーデタまでの展開を報告した名著。ジャーナリストとしてのマルクスの舌鋒鋭くもウィットに富んだ筆致を、実力者が達意の日本語にした、これまでになかった新訳。

電P

2570

レイシズム

R・ベネディクト著／阿部大樹訳

レイシズムは科学を装った迷信である。人種の優劣や純粋な民族など、存在しない――ナチスが台頭しファシズムが世界に吹き荒れた一九四〇年代、『菊と刀』で知られるアメリカの文化文類学者が鳴らした警鐘。

電P

2596

イミタチオ・クリスティ　キリストにならいて

トマス・ア・ケンピス著／呉　茂一・永野藤夫訳

十五世紀の修道士が著した本書は、『聖書』についで多くの読者を獲得したと言われる。読み易く的確な論しに満ちた文章が、悩み多き我々に安らぎを与え深い瞑想へと誘う。温かくまた厳しい言葉の数々。

電P

2677

我と汝

マルティン・ブーバー著／野口啓祐訳（解説・佐藤貴史）

経験と利用に覆われた世界の軛から解放されるには、全身全霊をかけて相対する〈なんじ〉と出会わねばならない。その時、わたしは初めて真の〈われ〉となるのだ――。「対話の思想家」が遺した普遍的名著！

電P

西洋の古典

2700
方法叙説
ルネ・デカルト著／小泉義之訳

われわれは、この新訳を待っていた――デカルトから出発した孤高の研究者が満を持してみずからの原点に再び挑む。『方法序説』という従来の邦題を再検討に付すなど、細部に至るまで行き届いた最良の訳が誕生！ 電P

2701
永遠の平和のために
イマヌエル・カント著／丘沢静也訳

哲学者は、現実離れした理想を語るのではなく、目の前の事実から出発していかに「永遠の平和」を実現できるのかを考え、そのための設計図を描いた――従来の邦訳が与えるイメージを一新した問答無用の決定版新訳。 電P

2702
国民とは何か
エルネスト・ルナン著／長谷川一年訳

「国民の存在は日々の人民投票である」という言葉で知られる古典を、初めての文庫版で新訳する。逆説的にもグローバリズムの中で存在感を増している国民国家の本質とは？ 世界の行く末を考える上で必携の書！ 電P

2703
個性という幻想
ハリー・スタック・サリヴァン著／阿部大樹編訳

対人関係が精神疾患を生み出すメカニズムを解明し、いま注目の精神医学の古典。人種差別、徴兵と戦争、プロパガンダ、国際政治などを論じ、社会科学の中に精神医学を位置づける。本邦初訳の論考を中心に新編集。 電P

2704
人間の条件
ハンナ・アレント著／牧野雅彦訳

「労働」「仕事」「行為」の三分類で知られ、その絡み合いの中で「世界からの疎外」がもたらされるさまを描き出した古典。はてしない科学と技術の進歩の中、人間はいかにして「人間」でありうるのか――待望の新訳！ 電P

2749
宗教哲学講義
G・W・F・ヘーゲル著／山﨑　純訳

ドイツ観念論の代表的哲学者ヘーゲル。彼の講義は人気を博し、後世まで語り継がれた。西洋から東洋までの宗教を体系的に講じた一八二七年の講義に、一八三一年の講義の要約を付す。ヘーゲル最晩年の到達点！ 電P